MYNAVI BUNKO

季節の行事と日本のしきたり事典ミニ

新谷尚紀 監修

JN191080

マイナビ

はじめに

「ハレとケ」という言葉を知っていますか？　「ハレ（晴れ）」はお正月やお盆などの特別な日を、「ケ（褻）」は普段の労働にいそしむ日常のことをいいます。日本では長い間、この生活のリズムを基本に生きてきました。

「ハレ」の日を心待ちにし、「ケ」の日をひたむきに働いて過ごす。昔の人たちの暮らしぶりは、じつにメリハリのあるものだったのです。

便利な物、楽しいこと、おいしい食べ物は、いつもまわりにあふれているのに、なんとなく満たされない…。あるいは毎日が単調だと感じるなら、暮らしに「ハレ」と「ケ」のメリハリが必要なのかもしれません。

まずは、「ハレ」の日を充実させてみませんか？　昔のしきたりどおり、何もかもきっちり正しく行うことはありません。それぞれの行事がなぜ必要だったのか、その本質さえ理解すれば、あなたやあなたの家族のスタイルで楽しめばいいのです。

日本の年中行事のすべては季節と密接にかかわり、そのほとんどが、「感謝するため」にあります。たとえばお正月は、旧年の豊作と平穏に感謝し、新年の豊穣と平和を願う節目です。この期間には、新しい年の稔りをもたらし、人々にフレッシュな生命力を与えてくれる「年神様」が訪れると考えられていました。一連の正月行事は、この年神様を迎えてひとつ年を取るためにあり、鏡餅や門松、しめ縄も、年神様を迎えるために飾るものなのです。

私たちの先祖の多くは、自然に、あらゆるものに宿る神様に、そして家族が健康でいられることに、感謝しながら生きていたのです。そんな先祖の人たちの思いを知ることで、日本の行事とそれを継続してきた日本の歴史と民俗を、もっと好きになるかもしれません。知るということはやはり大切ですね。

新谷尚紀

季節の行事と日本のしきたり事典ミニ　目次

正《しょう》月《がつ》①―正月行事について

一月一～三日

年神様《としがみさま》を迎え新年を祝う

「おめでとうございます」とあいさつを交わし合うお正月。お米を大切にする日本人にとって、年が改まるお正月は、旧年の豊作と平穏に感謝し、新年の豊穣と平和を願う大切な節目でした。この日ばかりは、どんな忙しい人も家族とゆっくり過ごすのが習わし。なぜなら、お正月は「年神様」が家を訪れる特別な期間だからです。

年神様とは、新しい年の実りをもたらし、人々に命を与えてくれる神様のこと。年神様はまた、いつも私たちを、見守っている、先祖の霊とも考えられてきました。新年とともにやって来る年神様は、お正月の間、家にとどまり、一年を生き抜く新しい力をもたらしてくれるのです。

一連のお正月行事は、年神様を手厚く迎え、もてなすためにあります。とくに元日は、年神様を迎える大切な日。元日は家に籠もって年神様を待ち、年始のあいさつや書き初めなどの事始めは二日以降に行うのがよいとされます。

Let's try

若水を利用しよう

水道の蛇口に輪飾り（簡略化したしめ飾り）をつけ、感謝の気持ちを込めて若水を汲みましょう。口をすすいで身を清め、お雑煮作りやお茶をいれる際にも利用して、家族の健康を祈願します。

Memo

お歳暮を届けていれば お年賀は不要

持参するなら菓子折りなどの手軽なものを。のしの表書きは「お年賀」「賀正」などです。

三が日に行うこと

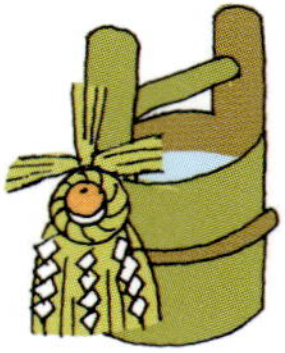

【若水《わかみず》】

正月、はじめて汲む水を「若水」といいます。かつては、元旦の早朝、一家の主人が井戸や泉、川に汲みに行き、年神様に供えました。一年の邪気を祓うとされ、口をすすいだり、食事の煮炊きにも利用しました。

【初詣《はつもうで》】

元旦は、自宅や地域の氏神様《うじがみさま》を祀《まつ》った神社に籠もって年神様を迎えるのがしきたりでしたから、初詣は比較的新しい習慣。江戸時代後半に、その年、縁起がよいとされる方向の寺社に参拝する「恵《え》方参《ほうまい》り」が盛んになり、これが初詣のルーツのひとつといわれています。

【書《か》き初《ぞ》め】

年が明けてはじめて書く書のことで、1月2日に行うのが一般的。江戸時代には、神棚に供えてある「若水」で墨をすり、縁起のよい詩歌を書く習わしがありました。書いた書は、15日の「左義《さぎ》長《ちょう》」(p.32参照)と呼ばれる行事で燃やします。

【年始《ねんし》】

本家に親族が集って新年を祝ったことがはじまりで、年賀《ねんが》ともいいます。現在では、親せきや世話になっている人を訪問し、あいさつすることをいい、元旦は避けて松の内(1月7日まで)にすませます。

How to

神社での参拝の仕方

1 手《て》水《みず》舎《や》で手と口を清める。まず、右手でひしゃくに水を汲んで左手を洗い、ひしゃくを持ち替えて右手を洗う。次に左手で水を受けて口をすすぎ、もう一度左手を清める。最後に両手でひしゃくを立てて柄を清める。

2 神殿の前に進んだら一礼して賽銭を納め、鈴を鳴らす。

3 背筋を伸ばして2回、深くお辞儀をする。

4 胸の高さで、パンパンと2回、手を打ち祈念して、最後に深く一礼する。

正月《しょうがつ》②

― 正月飾りと縁起物

一月一日～

年神様《としがみさま》の訪問に欠かせないもの

年神様は、その年の恵方《えほう》から、空を飛んで家々にやって来ると考えられています。年神様を迎える目印となるのが、門口に立った青々とした松、すなわち門松です。

神棚などに飾るしめ縄には、周囲の穢《けが》れを除いて神様の場所を作る意味があります。門や玄関に飾るしめ飾りは、しめ縄を装飾化したもの。お正月の間、家に不浄のものが入らないように、家の入り口に飾ります。

しめ飾りを簡略化した輪飾りは、火の神の入り口であ

Memo

12月28日までに飾る

鏡餅や門松、しめ飾りは、遅くとも12月28日までには飾るようにします。大晦日に飾るのは「一夜飾り」といって年神様に失礼にあたります。29日に飾るのは、「二重苦」を連想させることから、縁起がよくないとされています。

る台所、水の神の入り口である水道などに飾ります。

鏡餅もまた、正月飾りには欠かせないもの。鏡餅は年神様への供え物であるとともに、穀物の実りをもたらす年神様の依りつくところとされます。丸い餅を「鏡」というのは、鏡には神の姿がとどまるという信仰からきています。

正月飾りがすべて整ったとき、年神様を迎え、ともに正月の間を過ごす準備ができたといえるでしょう。

代表的な正月飾り

【鏡餅《かがみもち》】

地方や家によって飾り方は少し異なりますが、裏白《うらじろ》、譲葉《ゆずりは》、橙《だいだい》などを添えて三方《さんぼう》と呼ばれる台に載せ、床の間などに供えるのが基本。

●橙（だいだい）
「代々」、家が続くという語呂合わせから、めでたいものとされている。

●昆布（こんぶ）
「よろこぶ」「子生」を意味する。

●裏白（うらじろ）
シダ植物のひとつ。葉の表が緑で、裏が白いことから、「心に裏がなく清廉潔白」を意味する。

●譲葉（ゆずりは）
親子草ともいわれることから子孫繁栄を表わす。

【しめ飾《かざ》り】

一般家庭では正月、しめ縄を装飾したしめ飾りを、玄関正面に飾るのが一般的。集合住宅ではドアの正面上部に吊り下げることもあります。

【門松《かどまつ》】

門松の形式は地域によってさまざま。現在では、3本の竹幹を中心に立てて、その根元を松で囲み、そのまわりをむしろで囲んだ門松が一般的です。

縁起物

【松竹梅《しょうちくばい》】

松竹梅の生け花も正月を代表する縁起物。常緑である松は不老長寿を、まっすぐに伸びて倒れにくい竹は、竹の子が出ることから子孫繁栄を象徴。香り高く上品な花を咲かせる梅も古来より縁起がよいとされています。

【米俵《こめだわら》】

下段に2俵、上段に1俵を重ね、三方《さんぼう》か丸盆に載せて飾る、ひな形の米俵。子孫繁栄を意味しています。

【羽《は》子《こ》板《いた》】

床の間や玄関などに立てて飾るもので、華やかさを演出します。

【扇《おうぎ》】

その形から「末広」とも呼ばれる扇は、末広がりを象徴する縁起物。めでたい席のしつらいによく使われます。

正月《しょうがつ》③ ― 正月料理

一月一〜三日

おせちは神に供える食べ物

おせちは、節日《せちにち》に神様に供える「節供《せちく》料理」に由来する言葉。節日とは、元日と五節句（人日《じんじつ》、上巳《じょうし》、端午《たんご》、七夕《しちせき》、重陽《ちょうよう》）を指しますが、今では元日に供える料理だけを「おせち」と呼んでいます。おせちは年神様《としがみさま》へ供えてからいただくもので、神様とともに新年を祝う意味があります。

お正月の朝、おせちとともにいただくのがお屠《と》蘇《そ》とお雑煮。お屠蘇には一年の邪気を祓う意味が

Memo

祝い箸はなぜ両端が細くなっているか

正月三が日は、箸の両端が細くなっている「祝い箸」を使います。片方は人、もう片方は神様のために細くなっていて、神様とともにいただくという意味が込められています。

あります。お雑煮は、若水とその年はじめての火で作るのが習わしです。

【お屠蘇《とそ》】

もともとは中国の風習で、「鬼気を祓い、人魂《ひとだま》を甦《よみがえ》らせる」とされる薬酒。山椒《さんしょう》、肉桂《にっき》、桔梗《ききょう》、防風《ぼうふう》などの漢方薬を調合した「屠蘇散」を日本酒かみりんに浸して作ります。屠蘇散は、薬局などで購入できます。

【雑煮《ぞうに》】

年神様にお供えした餅を野菜とともに煮込んで食べたのがはじまりといわれ、地域によって材料や作り方はさまざま。関東では、すまし汁に焼いた四角い切り餅、関西では白味噌仕立てで丸餅を入れるのが一般的。

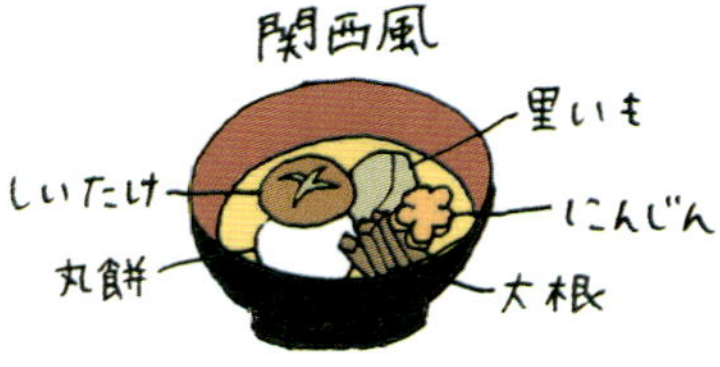

【おせち】

年神様に供えた料理のおさがりをいただくことで、力を授かることのできる料理。正式には、壱の重、弐の重、参の重、与の重、控えの重の五段重を用いますが、最近では三段重が主流。メニューは地域や家などによって異なります。

Memo

おせちのメニューと食材のいわれ

三つ肴

関東は黒豆、数の子、田作り。関西では田作りではなく、たたきごぼうの場合が多い。

●黒豆

まめに働けるように。黒は邪除けの色ともいわれる。

●田作り（ごまめ）

肥料にしたら豊作になったという説から田作りと呼ばれる。

●数の子

卵の数が多い数の子には、子孫繁栄の願いを込めて。

●たたきごぼう

豊作のときやってくるタンチョウの姿に似ていることから。

口取り

色鮮やかで見た目に華やか、甘い味つけのものが中心。

●伊達巻き

巻いてあることが、「結ぶ」「むつむ」を意味している。

●昆布巻き

「こぶ」と「よろこぶ」、「子生」をかけて。

●栗きんとん
きんとんは金団と書き、金団は丸い小判を意味している。

●紅白かまぼこ
新しい門出を祝うにふさわしい、日の出に似た形から。

焼き物

●鯛
形が美しく、「めでたい」に通じることから。

●海老
腰を曲げて進む姿が老人に似ているため、長寿祈願に。

●鰤
鰤は出世魚。出世を願って。

酢の物

●紅白なます
もとは生の魚、にんじん、だいこんを用いて酢で作ったことから、「なます」に。

●菊花かぶ
かぶを、長寿の効能があるとされる菊に見立てた酢の物。

煮物

●クワイ
大きな芽が必ず出るということから、縁起物とされる。

●蓮根
穴が開いていて先が見通せる、という縁起かつぎ。

●里芋
子芋がたくさんつくことから、子孫繁栄を願って。

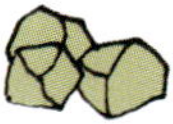

●トコブシ
「フクダメ」という別名が、縁起がよいから。

正《しょう》月《がつ》④ ― 正月遊び

一月一日～

伝えていきたい日本伝統の遊び

仕事をせずに、のんびりと過ごすのがお正月の醍醐味。子どもにとっても、お正月は、家族が集う特別な日です。家族や親せきが集まったら、昔ながらの正月遊びに挑戦してみませんか。独楽回し、福笑い、かるたなどは、家庭で気軽にできる、伝承していきたい日本ならではの遊びです。お正月のきり

【かるた遊《あそ》び】

「小倉百人一首」で遊ぶのが一般的。読み手が読み上げる歌の下の句だけが書かれた取り札を、早く取った人が勝ちです。

りと冷たい風であげる凧あげも、また格別なもの。子どもといっしょに懐かしい遊びをやってみたら、意外にも自分が熱中してしまうかもしれません。

【追《おい》羽《ば》根《ね》】

むくろじという堅い木の実に鳥の羽をつけた羽根を、羽子板で突いて打ち合う遊び。女子の遊びとして、江戸時代に入ってから流行しました。

【凧《たこ》あげ】

凧あげの歴史は古く、本来は地域対抗の競技として行われ、大人の年中行事のひとつでした。今も正月から2月にかけて、全国で凧あげ大会が開催されていますが、5月の節句に行う地域もあります。

【絵《え》すごろく】

古くは、すごろくといえば、「盤すごろく」を指し、これは中国から伝わった大人のゲーム。これに代わり、子どもの遊びとして生まれたのが、現在の「絵すごろく」で、江戸時代初期にはすでに、行われていました。

【独楽《こま》まわし】

指でひねる「ひねり独楽」やひもを巻きつけて投げる「投げ独楽」などが代表的。長くまわり続けることを競ったり、相手の独楽とはじき合ったりして遊びます。

【福笑《ふくわら》い】

目隠しをした人が、顔の輪郭だけが描かれたお多福に、目や眉、鼻、口のパーツを載せていく遊び。ほのぼのとした正月遊びの代表格。

Memo

お年玉は本来お餅だった!

お供えからおろされたものは、神様からの賜りもの。とくに鏡餅は神様が依りつくところでご利益があるため、このお餅を食べることで、ひとつ年をとると考えられていたのです。そのお餅や新調した衣服、履物などを、商家の主人が使用人へ与えたり、親から子へと与える習慣がありました。その贈り物の中身が、現在のお金へと変化したと考えられています。

正月《しょうがつ》⑤ ― 初夢

一月一日の夜

見た夢の内容で一年を占う

その年にはじめて見る、元日の夜の夢が初夢です。初夢の内容で一年の運勢がわかるという言い伝えがあるため、古くから、いい夢を見るための工夫がされてきました。江戸時代に流行したのが、宝船に乗った七福神の絵を枕の下に敷くこと。悪い夢を見たときは、その紙を悪夢とともに川に流して厄祓いをします。ほかにも「長《なが》き夜《よ》のとをの眠《ねむ》りのみな目覚《めざ》め波乗《なみの》り船《ぶね》の音《おと》のよきかな」という回文の歌を書いた宝船の絵や、悪い夢を食べてくれる獏《ばく》を描いた絵を枕の下に敷くことも、効果があるとされます。

縁起のよい夢には「一富士《いちふじ》、二鷹《にたか》、三茄子《さんなすび》」がよく挙げられます。その由来には諸説ありますが、富士は「無事」に、鷹は「志高く」に、茄子は「事を成す」に通じるという語呂合わせがあります。

二日の夜に見た夢を初夢とする説もありますが、これは仕事始めなどが二日にあることに由来するようです。

宝船と七福神

●毘沙門天
(びしゃもんてん)
仏法を守る軍神で四天王の一人。戦勝の神様。

●布袋和尚
(ほていおしょう)
弥勒菩薩の化身ともいわれた中国の禅僧。

●恵比須天
(えびすてん)
右手に釣り竿、左手に鯛。商売繁盛、漁業の神様。

●大黒天
(だいこくてん)
大きな袋と打ち出の小槌を持った台所の神様。

●福禄寿
(ふくろくじゅ)
頭が長くて長い鬚を蓄えた、長命の神様。

●寿老人
(じゅろうじん)
福禄寿と同神異体といわれ、長寿の神様。

●弁財天
(べんざいてん)
琵琶を奏でる妖艶な女神は、音楽や弁舌、財宝の神様。

人《じん》日《じつ》の節《せっ》句《く》 ― 七草粥

一月七日

七草粥で若菜の生命力をいただく

一月七日は、五節句のひとつ「人日の節句」。この日の朝には「七草粥」をいただくのが習わしです。七草の若菜を粥に炊き込んで食べると、万病を祓い、長生きをするといわれます。野に咲く若菜から新しい生命力を取り入れる意味があるとともに、冬場に不足しがちな青菜をおぎない、正月のごちそう疲れの胃を休める効果もあります。

一般に、元日から七日までを「松の内」といい、この日に門松や松飾りを取り外す地域が多いようです。

春の七草

【芹《せり》】

よい香りと歯ごたえが好まれ、若い芽が食用とされます。

【薺《なずな》】

食用や薬用に利用され、撫で菜ともいわれます。別名ペンペン草。

【御形《ごぎょう》】

学名はハハコグサ。早春のふわふわした緑色の葉を、昔は草餅にも用いたようです。

【繁縷《はこべら》】

学名はハコベ。世界中いたるところで見られる越年草。

【仏《ほとけ》の座《ざ》】

学名はコオニタビラコまたはタビラコ。若葉が食用にされます。

【菘《すずな》】

野菜のかぶのこと。

【蘿蔔《すずしろ》】

だいこんのこと。

Let's try

カンタン七草粥を作ろう!

[材料] 春の七草 100g、米 1カップ、水 2カップ、塩 少々

[作り方]

鍋に米と水を入れて沸騰するまで強火にかける。沸騰したら弱火にして、ふっくらと米が膨らむまで約20~30分炊く。七草と塩を加えてふたをして、3分蒸らしてできあがり。

鏡《かがみ》開《びら》き

一月十一日

年神様《としがみさま》の霊力を身体に取り入れる

お正月の間、お供えしておいた鏡餅をおろして、雑煮やお汁粉《しるこ》に入れて食べるのが鏡開きです。もとは二十日の正月納めの日に行われていましたが、江戸時代に、幕府や武家が鎧甲《よろいかぶと》に供えておいた具足餅を食べる「具足開《ぐそくびら》き」を十一日に定めたために、多くの地域でこの日に合わせて行うようになりました。

How to

鏡餅の扱い方

槌《つち》で割る

新聞紙の上に載せて、あるいはビニール袋に入れてから、木槌などで叩いて割ります。

手で割り開く

カチカチに硬くなって、ひび割れているなら、そこから手で割り開いてもよいでしょう。

鏡餅は、刃物で切るのではなく、槌《つち》を使って開きます。これは、鏡開きが室町時代の武家の間で行われていたことから、刃物は切腹を連想させるといって、槌で砕き割ったことに由来するといわれています。「開く」というのは、末広がりに通じる、縁起をかつぐ言い方です。

餅には稲の霊が宿るため、食べると力が得られると考えられてきました。また、年神様へ供えた鏡餅をいただくことで、年神様の霊力を得られます。開いたお餅を家族といただきながら、一家の円満と繁栄を祈念しましょう。

Let's try

カンタンお汁粉《しるこ》を作ろう!

[材料] お餅、ゆで小豆缶、水、塩

[作り方]

①お餅はオーブントースターで色よく焼く。

②鍋にゆで小豆缶、同量の水を入れてひと煮立ちさせ、味をみながら塩をひとつまみ入れる。

③器に焼いたお餅を入れ、②の汁を流し入れる。

小《こ》正《しょう》月《がつ》

一月十五日

家庭で楽しむ「女の正月」

新月を月はじめとする旧暦では、毎月十五日は満月に当たります。一月十五日はその年はじめての満月の日。満月をめでたいものとする時代の名残りから、元旦を「大正月」というのに対し、十五日を「小正月」といって祝います。

小正月は、別名「女正月」ともいい、正月の間忙しかった女性をいたわる日でもありました。小規模で家庭的なところも小正月の特徴。小豆粥《あずきがゆ》を食べて一家の健康を祈願したり、餅花《もちばな》を作って豊作を祈る習わしがあります。

小正月の祝い方

【小豆粥《あずきがゆ》】

正月15日に小豆粥を炊いて食べることで1年の邪気を祓います。もともとは中国から伝わった風習です。

【粥占《かゆうら》】

小豆粥を炊き、竹筒の中に入った小豆や米の状態で農作物の豊凶を占うもの。現在でも神社の神事として行われています。

【餅花《もちばな》・繭玉《まゆだま》】

小正月には、紅白の餅の玉をたくさんつけた「餅花」という飾り木を飾ります。餅や団子を繭の形にした「繭玉」を飾る地域もあります。

Let's try

カンタン小豆粥《あずきがゆ》を作ろう!

[材料]

小豆の水煮缶（無糖）1／2カップ、
米 1カップ、水 2カップ、塩 適宜

[作り方]

①鍋に米と水を入れて沸騰するまで強火にかける。
②沸騰したら弱火にして、ふっくらと米が膨らむまで約20～30分炊く。
③小豆の水煮缶を汁ごと②に入れ、塩で味を調える。

左《さ》義《ぎ》長《ちょう》

一月十五日

正月飾りや書き初めを火にくべる

左義長は、小正月に行われる火祭りの行事です。十四日の夜、もしくは十五日の朝から火を炊き始め、前年のお札やしめ飾り、門松、書き初めなどをくべて燃やし、無病息災《むびょうそくさい》と五穀豊穣《ごこくほうじょう》を祈ります。

左義長の火で焼いた餅や団子を食べると、厄から逃れられるといわれます。また、書き初めが煙とともに高く舞い上がると、書道が上達するという言い伝えもあります。

Memo

左義長の呼ばれ方いろいろ

全国的に行われる小正月の火祭り行事ですが、その呼称は地域によってさまざま。

- とんど焼き
- どんど焼き
- どんどん焼き
- おんべ焼き
- さいと焼き・御柴灯（山形県ほか）
- ほっけんぎょう（福岡県）
- 三九郎焼き（長野県）

二十日《はつか》正月《しょうがつ》

一月二十日

おめでたい正月も一段落

一連の正月行事は、一月二十日の「二十日正月」をもって納めます。この日の早朝、年神様《としがみさま》がそれぞれの場所に帰るといわれます。

小正月で使った用具の片づけや、お正月のごちそうの食べ納めをするのもこの日です。京阪神地方では、「骨正月」「頭正月」などとも呼ばれますが、これはお正月のごちそうだった鰤《ぶり》などの魚が骨や頭だけになったのを、煮物などに入れて食べ尽くす風習から生まれた言葉のようです。お正月に使った鰤の骨や頭は、酒粕に漬けておき、里芋やだいこん、ごぼう、大豆などと煮て食べました。

また、小正月に実家に帰っていた嫁も、二十日には婚家に帰るのがしきたりです。

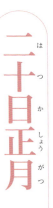

節分《せつぶん》

二月三日

鬼を豆で退散させ、新春を迎える

　もともと節分とは季節を分ける日のことをいい、立春、立夏、立秋、立冬のそれぞれ前日の四日をさす言葉でした。そのなかで立春が、新しい四季がはじまる大切な節目であるため、今はその前日のみを節分と呼ぶようになりました。四季のひとめぐりを一年とすると、立春は新年の一日目。節分は旧年最後の日となる大晦日にあたります。そのため、節分には古くから年迎えのための祓い清めの行事が行われてきました。その代表が豆まきです。

　豆まきは「鬼やらい」とも呼ばれる風習です。古代中国には、疫病や災害を鬼にたとえ、大晦日の晩にこれを退散させる「追儺《ついな》」という行事がありました。それが日本に伝わり、平安時代には宮中で、大晦日の晩に桃の弓や葦《あし》の矢で邪気を追い払う追儺の行事が行われていました。そして、室町時代のころには豆をまくようになり、江戸時代にはすっかり庶民の間に定着しました。

鬼にまつわる言い伝え

牛の角と虎の牙を持つ

鬼は東北(鬼門)にいると考えられ、東北は干支の丑虎の方角。だから鬼には、丑(牛)のような角と虎のような牙のある姿で描かれる、という説もあるようです。

なぜ豆で退治する?

殻霊《こくれい》信仰として、豆には力があると信じられてきました。鬼の目を打つので、「魔目＝まめ」で豆だという説や「魔滅」に通じるから、という説も。

鬼は鰯《いわし》の匂いが苦手

節分の日に焼いた鰯の頭を柊の枝に挿し、戸口に飾るのは、鰯の匂いで鬼を追い払うため。柊の葉の棘は、鬼の目を刺すと考えられています。

How to

豆まきの作法

1 節分の前日、福枡に大豆を入れて、神棚に供えます。

2 夜、家中の戸を開け放ちます。おもに一家の主人が「鬼は外」「福は内」と言いながら家の内外に豆をまきます。豆は力いっぱい投げ、唱える声も大きいほうが厄祓いになるといいます。その後、福が逃げないように扉を強く閉めます。

3 豆まきが終わったら、自分の年齢の数だけ豆を食べます。

Memo

豆は福茶にしていただいてもOK

食べ切れないときは、豆に熱いお茶を注いで、福茶にしましょう。食べるのと同じようなご利益があるといわれます。

Let's try

恵方巻きを作っていただこう!

節分の日の夜、恵方を向いて巻き寿司1本を切らずに無言で食べれば、福を授かるといわれます。恵方は年によって変わります。

初午《はつうま》

二月最初の午の日

五穀豊穣を願うにぎやかなお祭り

二月最初の午の日は「初午」と呼ばれ、各地の稲荷社《いなりしゃ》で祭礼が行われます。初午の日に行われるのは、稲荷社の総本山である京都の伏見稲荷大社《ふしみいなりたいしゃ》の祭神が、二月最初の午の日に伊奈利《いなり》山に降臨したという縁起にちなみます。

お稲荷さんはにぎやかなことが好きな神様とされ、初午は盛大にまつるのが特徴です。「正一位稲荷大明神」と書いた赤い幟を何本も立て、御神酒《おみき》や赤飯、油揚げ、お豆腐などを供えます。北関東一帯では、節分の残った豆で作る「しもつかれ（すみつかれ）」という郷土料理を供え、その年の豊作と家内安全を願う習わしもあります。

お稲荷さんは「商売繁盛」の神様として有名ですが、「稲荷」という名が「稲生」（いなり)を語源としているともいわれるように、主祭神は五穀豊穣《ごこくほうじょう》をつかさどる農耕の神様です。そのため、初午の行事は農村ではとくに豊作祈願と結びついています。

農家には農作業がはじまる春になると山から下りてきて、秋になると山に帰って行く、「田の神様」という稲作の神様への信仰があります。初午の日は、田の神様をお迎えする時期と重なるために、とくに盛大に祝うようです。

お稲荷さんの狐は神様の使い

お稲荷さんには必ず狐の像がありますが、これは稲荷社の祭神が仏教の荼枳尼天《だきにてん》と習合し、荼枳尼天が玄狐《くろぎつね》に乗ることから、神様の使いとする俗信から生まれたようです。また、春になると里に下りてきて、秋には山に帰る狐の習性が神秘的に見えたため、田の神様が姿を変えてこの世に現れたとみていた説など、諸説あります。

初午のお供え物

【初午団子】

初午に供える団子の種類は、繭《まゆ》がたくさん収穫できるよう繭型の団子にしたり、草餅にしたり、地域によってさまざま。初午粉といって、米の粉を供える地域もあります。

【油揚げ】

狐の好物とされる油揚げはもちろん、御神酒《おみき》と赤飯も欠かせません。

【しもつかれ】

だいこん、にんじんをすりおろし、これを節分でまいた煎り大豆、正月の余った塩鮭の頭、油揚げなどを加えて煮込んだものです。

Memo

なぜ稲荷寿司を信太寿司ともいうのか?

昔、信太《しのだ》の森の葛葉《くずのは》稲荷に日参していた阿部保名《あべのやすな》という男に、一匹の狐が助けられました。狐は、葛《くず》の葉《は》という女性に化けて保名と心を通わすようになり、妻となって子どもをもうけます。しかしある日、狐であることがばれてしまい、ふるさとの「信太」の森へと帰っていきます。「信太寿司」の名は、この伝説に由来するといわれています。ちなみに、葛の葉の子は、陰陽師の阿倍清明《あべのせいめい》といわれています。

Memo

お稲荷さんは江戸の名物!?

江戸時代、江戸の町に多いものを「火事、喧嘩、伊勢屋、稲荷に犬の糞」といったとか。現在でも、商店の庭やビルの屋上でお稲荷さんの祠を見かけるほど、最も身近な神様といえます。その数はなんと、全国に3万社以上といわれています。

事《こと》始《はじ》め／針《はり》供養《くよう》

二月八日

針を供養する「事八日《ことようか》」の日

　お正月をはさんだ十二月八日と二月八日の両日を「事八日」といいます。日本の各地には、このうちの一方を「事始め」、もう一方を「事納め」とする習わしがあります。

　もともと「事」とは、神事や農事をさす言葉です。どちらを「事始め」と呼ぶかは、「事」を何と見るかによります。「事」がお正月の神事なら十二月八日が「事始め」、「事」が農事なら二月八日が「事始め」というわけです。いずれの場合も、十二月八日から二月八日を神事の期間、それ以外を農事の期間とし、その境目が事八日の日となります。

　事八日のような境目の日は、仕事を休んで家で静かに過ごすのが習わしとされます。節分に鬼が現れるように、何かが始まる節目の日には、魔物や妖怪が徘徊するという言い伝えもあります。関東では、大きな目と一本足の妖怪「一つ目小僧」が現れる日といわれ、目の多い籠やざるを屋外に高く掲げ、妖怪を退散させる風習が一部に残ります。

事八日に行う行事には「針供養」があります。この日、女性はいつもの針仕事を休み、使えなくなった古い針を供養します。東京では浅草寺《せんそうじ》境内にある淡島堂の針供養が有名で、裁縫の上達を祈願する人が多数参拝に訪れています。

針仕事を休む

裁縫は女性が行う大切な仕事のひとつでした。この日ばかりは針を持つ手を休め、かわりに裁縫箱の中を整理します。

古い針の供養

折れたり曲がったりした針を集め、感謝して供養します。豆腐やこんにゃく、だいこんなどやわらかいものに針を挿し、寺社に納めるのが一般的です。

梅見《うめみ》

二〜三月ごろ

万花に先駆けて咲く花を楽しむ

平安時代以来、花といえば桜をさしますが、奈良時代には梅をさしました。梅は最初中国から薬木として持ち込まれましたが、その清楚な姿や香りに、当時の貴族たちは心をひかれたようです。『万葉集』にも、七三〇年に大伴旅人《おおとものたびと》邸で梅見の宴が催され、三十二首の歌が詠まれたとの記述があります。近世になって農家で梅干し作りが盛んになると、梅の植樹も急増しました。各地に生ま

Memo

梅と菅原道真《すがわらみちざね》

道真が都を去るとき「東風《こち》吹かば 匂いおこせよ 梅の花 あるじなしとて 春な忘れそ」と詠み、その梅が大宰府に移動したという伝説など、道真と梅にまつわる話は数多くあります。また道真を祀った各地の天満宮には梅の名所も多数あります。

れた梅の名所には、梅を観賞しながら春を待つ人の姿が今も絶えません。

梅の名所

偕楽園《かいらくえん》（茨城県水戸市）

金沢の兼六園、岡山の後楽園と並ぶ日本三名園のひとつ。園内に100種3000本の梅が植えられ、かぐわしい香りに包まれる。

高《たか》尾《お》梅郷《ばいごう》（東京都八王子市）

関東有数の梅の名所で、旧甲州街道と小仏川に沿って点在している梅林の総称。約10000本の梅が開花し、遊歩道を散策しながら梅を楽しめる。

青谷梅林《あおだにばいりん》（京都府城陽市）

鎌倉時代から続く歴史ある梅林。2～3月にかけては、
　20ヘクタールの面積に約10000本の白梅が咲き誇り、あたり一面白一色に染まる。

南部《みなべ》梅林《ばいりん》（和歌山県みなべ町）

「一目百万、香り十里」といわれる日本有数の規模を誇る梅の里。なだらかな山々に、見渡す限りの梅の花が広がる。高級銘柄・南高梅が中心。

Column1

旧暦と新暦

新暦は太陽、旧暦は月にもとづいた暦

私たちがふだん使っている暦は、グレゴリオ暦という、太陽の運行を基準とした世界でもっとも一般的な暦です。日本が今の暦を採用したのは明治時代の一八七三年のこと。それまでは、古代中国の黄河《こうが》流域で生まれた農暦をもとに、日本の風土に合わせて改良を重ねた暦を使っていました。現在の暦を新暦というのに対し、これを旧暦と呼んでいます。

旧暦では、月の満ち欠けの一周期をひと月とします。月が地球の周りを回る日数は、平均二十九・五日。新月の日を一日とするので、十五日は満月の日となります。ひと月が二十九日の月を「小の月」、三十日の月を「大の月」として、これをほぼ交互に繰り返しながら、十二か月をもって一年と数えます。

しかし、地球が太陽の周りを回る日数は、およそ三六五・二五日。月の巡りで一年を数えると、二十九・五日×十二＝三五四日となり、実際の一年より十一日ほど短くなってしまいます。そこで旧暦では、「閏月」という十三番目の月を十九年間で七回設けて、誤差を解消します。

正確でわかりやすい新暦と自然現象に即した旧暦

新暦が、一年を三六五日もしくは三六六日とする明快な暦であるのに対し、一年の日数が違う旧暦は、一見不合理にも見えます。しかし、旧暦には自然とともに生きてきた時代の知恵がつまっています。電気のない時代、月明かりは今よりずっとなじみ深いものだったはずです。

さらに月の満ち欠けは、潮の満ち引きに影響するように、生物の行動にも影響を及ぼします。月を見上げ、今が旧暦のいつなのか調べてみてください。日ごろ忘れがちな季節感が、ふと私たちの心によみがえってくるかもしれません。

三月暦　弥生《やよい》

上《じょう》巳《し》の節《せっ》句《く》①

―行事について

三月三日

女児の成長を願う雛《ひな》祭りの日

上巳の節句は、旧暦三月上旬の巳の日(三月三日)に行われ、桃の節句の名で親しまれている行事です。女児の成長を願う雛祭りを行うので、女の子の節句ともいわれます。

古代中国では、上巳は邪気にみまわれやすい忌み日とされ、川で身を清めて不浄を祓う習慣がありました。これが古代の日本に伝わり、紙で作った人形に穢《けが》れを託して川に流す風習が生まれました。この紙の人形が、貴族の子どもたちが人形を飾って遊ぶ「ひいな遊び」と結びつき、今の雛人形となったようです。紙で作った人形を流す習わしも、「流し雛」として今も各地に残っています。

雛祭り当日は、桃の花を飾り、ちらし寿司や白酒、蛤《はまぐり》のお吸い物などのごちそうを用意します。初節句の場合、雛人形のお披露目も兼ねて、両家の両親が集まり祝うことが多いでしょう。子どもが大きくなったら、友達を招いて女の子だけのパーティを開くのも楽しいものです。

雛祭りの祝い方

雛祭りの１週間くらい前までに雛人形を飾る

雛人形は雛祭りの１週間くらい前までには飾っておきます。前日に慌てて飾る「一夜飾り」は縁起が悪いとされています。

当日は祝い膳を囲み、家族や親族などと祝う

お祝いは、３月３日当日に行うのが一般的ですが、前の晩に行うこともあります（宵《よい》節《ぜっ》句《く》）。白酒などのお供え物のほかに、ちらし寿司と蛤のお吸い物をいただくのが定番です。

●草餅

「草餅の節句」ともいわれるように、古くから雛祭りには草餅が用意されてきた。

●菱餅

菱形の赤・白・緑の餅を重ねたのが菱餅。これを雛段に供えるのは古くからの風習。

●雛あられ

菱餅とともにお供えしている雛あられは、餅と豆を炒って、砂糖で味つけしたもの。

●蛤（はまぐり）のお吸い物

貝殻がぴったりと合わさった二枚貝に良縁を願う気持ちが込められているなどの説がある。

●白酒

桃の節句に白酒を飲むと邪気を祓うといわれ、江戸時代から飲まれるようになった。蒸したもち米にみりん、あるいは焼酎と麹《こうじ》を加えるなどして醸したお酒。

人形を飾って子どもの厄を祓う

もとは紙で作られていた雛人形は、次第に土焼きの人形に変わり、やがて今のような、毎年飾って楽しむ精巧なものとなりました。現在のような雛人形ができたのは、江戸時代のことといわれます。

人形には、人の身代わりとなって災いを引き受ける厄祓いの道具という意味がありました。雛人形は早くしまわないと婚期が遅れるという俗信も、片づけることで厄を祓ったという考えから生まれたものでしょう。

上《じょう》巳《し》の節《せっ》句《く》②

―雛《ひな》人《にん》形《ぎょう》

三月三日

地域差のある男雛《おびな》と女雛《めびな》の飾り方

雛人形は、関東では男雛を向かって左に、関西、とくに京都では向かって右に飾るのが一般的です。現在は関東の飾り方が主流となっているようですが、この理由については、昭和天皇の即位の際、天皇陛下が左に、皇后陛下が右に並ばれたことに由来するなど諸説あります。

段飾りには、ひな形の調度品が飾られます。調度品は、人形とともにひいな遊びの道具でした。京都では今も、家具調度を手にとって遊ぶひいな遊びが行われています。

Memo

雛人形をしまう日

いつまでも飾っておくと婚期が遅れるからと、昔は４日の早朝にはしまいました。人形の保存を考え、ほこりをはらってカラッと晴れた日にしまうのもよいでしょう。

雛人形の飾り方

【最上段／内裏雛《だいりびな》】

向かって左に男雛、右に女雛（京風は逆）を飾り、左右にぼんぼり、中央に瓶子《へいし》を置きます。

【二段目／三人官女《さんにんかんじょ》】

左から提子《ひさげ》（銚子）持ち、三方《さんぼう》持ち、長柄《ながえ》の銚子持ちの順に並べます。官女の間に高杯を。

【三段目／五人囃子《ごにんばやし》】

左から太鼓、大皮《おおかわ》鼓つづみ、小鼓、笛、謡の順に飾ります。これは能の囃子方と同様です。

【四段目／随身《ずいしん》】

左側に右大臣（若人）、右側に左大臣（老人）を飾ります。間に菱台や御膳を置きます。

【五段目／仕丁《しちょう》】

左から台笠持ち、踏台持ち、立傘持ち。この左側に右近の橘、右に左近の桜を並べます。二種の樹木は宮廷の庭を表現しています。

【六・七段目／雛道具《ひなどうぐ》】

六段目左から、箪笥《たんす》、長持《ながもち》、鏡台、針箱、火鉢、茶道具、七段目左から駕籠《かご》、重箱、御所車《ごしょぐるま》の順に置きます。

左
右
ぼんぼり
三方飾り
高杯
御膳
菱台
橘
桜
箪笥
長持
鏡台
針箱
火鉢
茶道具
駕籠
重箱
御所車

彼《ひ》岸《がん》

ぼた餅を供えて先祖を供養する

三月二十日ごろ

お彼岸は年に二回、春と秋にありますが、「春のお彼岸」と呼ばれるのが、春分の日を中日とし、その前後三日間を含む七日間です。

お彼岸の間は、彼岸会と呼ばれるお寺の法要に参加したり、お墓参りをするのが習わしです。お彼岸に先祖の供養をするのは、他の仏教国にはない日本ならではの行事。この風習は、春分の日と秋分の日には太陽がほぼ真東から昇り、真西に沈むという現象が見られるため、仏さまが住む西方浄土の場所が正しく示され、彼岸(あの世)と此《し》岸《がん》(この世)とがつながるという考えから生まれたようです。

地域により違いはありますが、家庭では、ぼた餅やお団子、稲荷《いなり》寿司や海苔巻きなどを仏壇にお供えします。ぼた餅に使う小豆の赤には、邪気を祓って災難を避ける、おまじないの効果があるといわれています。

Memo

「彼岸」とは「川の向こう岸」という意味

「彼岸」とは「悟りの境地」という意味で、サンスクリット語の「波羅蜜多《はらみた》」の訳だといわれています。これに対し、迷い多き現世を「此岸」といいます。

Memo

ぼた餅とおはぎは同じもの

春の彼岸にお供えするのは、春の花の牡丹にちなんで「牡丹餅」。秋は萩の花にちなんで「お萩」。材料も作り方もまったく同じものを指す地域と、つぶあんとこしあんとの違いで区別する地域とがあります。

お墓参りの作法

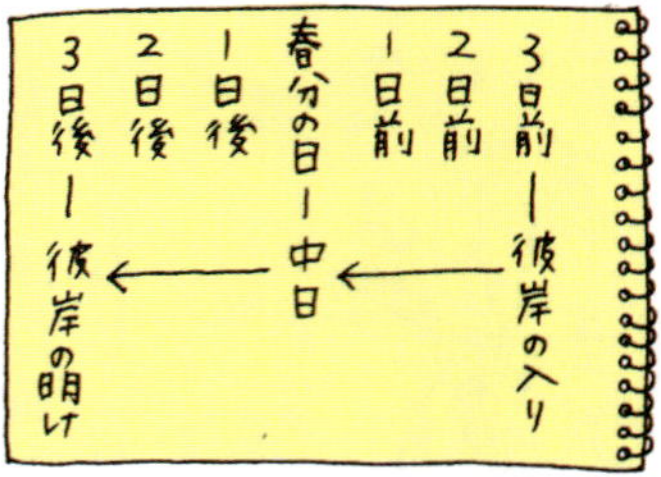

お墓参りに持っていくもの

生花、線香、ろうそく、お供え物、ほうき、ちりとり、ぞうきん、たわし、花ばさみなど

1 周辺の雑草を抜き、ごみを広い、墓石をきれいに磨く。

2 水入れに水を満たし、生花や食べ物などをお供えする。

How to

3 火をつけた線香を立てていく。故人と縁が深い人から行う。

4 水をひしゃくに汲んで、墓石にかける。

5 墓石に向かい、合掌して拝み、最後に一礼する。

Column2

五《ご》節《せっ》句《く》

季節の節目となる大切な節句は旬の植物を味わってお祝いする

旧暦では、移りゆく季節を知る目安に「五節句」がありました。節とは季節の変わり目をいう語で、その節目となる日を「節日《せちにち》」といいます。中国の暦上の風習である節日は、日本において、正月行事や氏神様の祭礼、農耕儀礼といった年中行事と結びつき、今でも特別な日となっています。

とりわけ重要な節日が「五節句」です。五節句とは一月七日の「人日《じんじつ》」、三月三日の「上巳《じょうし》」、五月五日の「端午《たんご》」、七月七日の「七夕《しちせき》」、九月九日の「重陽《ちょうよう》」をいいます。日本の習わしに根づいた五節句は、江戸時代には公式な行事として制定されています。

古代中国には、節日には旬の植物から生命力をもらって邪気を祓う習わしがありました。そのため日本にも、五節句には特別なごちそうを食べる風習があります。「人日」には七草粥《ななくさがゆ》、「上巳」には桃花酒《とうかしゅ》や白酒、「端午」にはちまきや柏餅《かしわもち》、「七夕」には素麺《そうめん》、「重陽」には菊酒をいただき、それぞれの節句を祝います。

ただし、季節を知る目安となる五節句も、旧暦から新暦へ移行する際、日付をそのまま移動したために実際の季節とは合致しなくなってしまいました。旧暦の三月は新暦の四月にあたるため、新暦で桃の節句を祝うと、桃の季節にはまだ早いという現象が起きるのです。そのため、節句にまつわる祭りは一か月遅れで行う地域もあります。

Column3

二《に》十《じゅう》四《し》節《せっ》気《き》・七《しち》十《じゅう》二《に》候《こう》

季節の変化を知る目安になる二十四節気・七十二候

農作業を行ううえでは、季節の移り変わりを正確に把握することが重要です。しかし、一年が十二か月であったり十三か月であったりする旧暦では、日付は正確な季節の変化を知る目安にはなりません。そのため旧暦では、太陽の運行を基準とした「二十四節気」を導入し、その弱点を補っています。

二十四節気とは、地球が太陽のまわりを回る一年を、二十四の区分に分けたものです。まず、夜が最も長い「冬至」と昼が最も長い「夏至」、その間にある、昼夜の長さがほぼ同じとなる「春分」「秋分」で一年を四等分します。夏至と冬至を二至、春分と秋分を二分といい、この二至二分が一年を分ける軸となります。

さらに、その軸の中間にある「立春」「立夏」「立秋」「立冬」という四立によって、八等分に分けられます。これを八節と呼びます。

そして、二十四節気は、八節をさらに三等分したもの。二十四節気の一区分はおよそ十五日で、「雨水《うすい》」「啓蟄《けいちつ》」「清明《せいめい》」「穀雨《こくう》」といった、季節を表す語がつけられています。ただし、これは旧暦が生まれた中国の黄河《こうが》流域の気候を表すため、日本の気候とは合わない面もあります。

二十四節気をさらに三等分したものに、七十二候があります。七十二候の一区分はおよそ五日。その時々の気候が、短い言葉で表されています。七十二候の語は、江戸時代から改訂を重ねているため、日本の季節のうつろいがよくわかります。

さらに、日本で作られた暦には「雑節《ざっせつ》」があります。雑節は、生活体験や農作業を通じて日本で編み出された特定の日で、日本の文化に深く根づいています。「節分《せつぶん》」「彼岸《ひがん》」「社日《しゃにち》」「八十八夜《はちじゅうはちや》」「入梅《にゅうばい》」「半夏生《はんげしょう》」「土用《どよう》」「二百十日《にひゃくとおか》」「二百二十日《にひゃくはつか》」の九つがあります。

春

二十四節気・七十二候一覧

※日付は目安です。

立春	りっしゅん	2/4ごろ
東風解凍	とうふうこおりをとく	春風が吹き氷がとけはじめる。
黄鶯睍睆	こうおうけんかんす	うぐいすが鳴きはじめる。
魚上氷	うおこおりにのぼる	氷の間から魚が現れる。
雨水	うすい	2/19ごろ
土脉潤起	とみゃくうるおいおこる	土が湿り気を帯びてくる。
霞始靆	かすみはじめてたなびく	春霞がたなびきはじめる。
草木萌動	そうもくきざしうごく	草や木が芽生えはじめる。
啓蟄	けいちつ	3/5ごろ
蟄虫啓戸	ちつちゅうこをひらく	地中から虫がはい出てくる。
桃始笑	ももはじめてわらう	桃の花が咲きはじめる。
菜虫化蝶	なむしちょうとかす	蝶が孵化して飛びはじめる。
春分	しゅんぶん	3/20ごろ
雀始巣	すずめはじめてすくう	雀が巣を作りはじめる。
櫻始開	さくらはじめてひらく	桜の花が咲きはじめる。
雷乃発声	らいすなわちこえをはっす	春雷が起こる。
清明	せいめい	4/4ごろ
玄鳥至	げんちょういたる	つばめが渡来する。
鴻雁北	こうがんきたす	雁（がん）が北へ渡っていく。
虹始見	にじはじめてあらわる	虹が現れはじめる。
穀雨	こくう	4/20ごろ
葭始生	よしはじめてしょうず	葦（あし）の芽が出はじめる。
霜止出苗	しもやんでなえいず	霜が終わって苗が生長する。
牡丹華	ぼたんはなさく	牡丹の花が咲きはじめる。

MYNAVI
BUNKO

ポケット
サイズの
自分ナビ

マイナビ

夏

二十四節気・七十二候一覧

※日付は目安です。

立夏 りっか		5/5ごろ
鼃始鳴	かえるはじめてなく	蛙が鳴きはじめる。
蚯蚓出	きゅうけいんいずる	みみずが地上に出てくる。
竹笋生	ちくかんしょうず	竹の子が生えてくる。
小満 しょうまん		5/21ごろ
蚕起食桑	かいこおこってくわをくらう	蚕が桑を食べはじめる。
紅花栄	こうかさかう	紅花が咲き誇る。
麦秋至	ばくしゅういたる	麦が熟して取り入れの時期。
芒種 ぼうしゅ		6/5ごろ
螳螂生	とうろうしょうず	かまきりが現れはじめる。
腐草為螢	ふそうほたるとなる	腐った草の間から蛍が現れる。
梅子黄	うめのみきばむ	梅の実が熟して黄ばむ。
夏至 げし		6/21ごろ
乃東枯	ないとうかるる	夏枯草が枯れる。
菖蒲華	しょうぶはなさく	菖蒲の花が咲きはじめる。
半夏生	はんげしょう	からすびしゃくが生えはじめる。
小暑 しょうしょ		7/7ごろ
温風至	おんぷういたる	熱風が吹いてくる。
蓮始開	はすはじめてひらく	蓮の花が咲きはじめる。
鷹乃学習	たかすなわちがくしゅうす	鷹の子が飛ぶ練習をはじめる。
大暑 たいしょ		7/22ごろ
桐始結花	きりはじめてはなをむすぶ	桐のつぼみがつきはじめる。
土潤溽暑	つちうるおいてじょくしょす	土が湿って蒸し暑くなる。
大雨時行	たいうときどきおこなう	ときどき大雨が降る。

秋

二十四節気・七十二候一覧

※日付は目安です。

立秋　りっしゅう　8/7ごろ

涼風至	りょうふういたる	涼しい風が吹きはじめる。
寒蜩鳴	かんせんなく	ひぐらしが鳴きはじめる。
蒙霧升降	もうむしょうごう	深い霧が立ち込める。

処暑　しょしょ　8/23ごろ

綿柎開	めんぷひらく	綿の花が開く。
天地始粛	てんちはじめてしゅくす	天地が寒くなってくる。
禾乃登	くわすなわちみのる	穀物が実りはじめる。

白露　はくろ　9/7ごろ

草露白	そうろしろし	草の露が白く見える。
鶺鴒鳴	せきれいなく	せきれいが鳴きはじめる。
玄鳥去	げんちょうさる	つばめが去っていく。

秋分　しゅうぶん　9/23ごろ

雷乃収声	らいすなわちこえをおさむ	雷が鳴らなくなる。
蟄虫坏戸	ちつちゅうこをはいす	虫が地中に隠れる。
水始涸	みずはじめてかる	水田の水が枯れはじめる。

寒露　かんろ　10/8ごろ

鴻雁来	こうがんきたる	雁（がん）が渡ってくる。
菊花開	きくかひらく	菊の花が開きはじめる。
蟋蟀在戸	しっしゅつこにあり	こおろぎが鳴きやむ。

霜降　そうこう　10/23ごろ

霜始降	しもはじめてふる	霜が降りはじめる。
霎時施	しぐれときどきほどこす	小雨がときどき降る。
楓蔦黄	ふうちょうきなり	楓や蔦が黄色くなりはじめる。

冬　二十四節気・七十二候一覧

※日付は目安です。

立冬　りっとう　11/7ごろ

山茶始開	さんちゃはじめてひらく	つばきが咲きはじめる。
地始凍	ちはじめてこおる	大地が凍りはじめる。
金盞香	きんせんこうばし	水仙の花が咲きはじめる。

小雪　しょうせつ　11/22ごろ

虹蔵不見	にじかくれてみえず	虹が現れなくなる。
朔風払葉	さくふうはをはらう	北風が木の葉を吹き飛ばす。
橘始黄	たちばなはじめてきなり	みかんが黄色くなりはじめる。

大雪　たいせつ　12/7ごろ

閉塞成冬	へいそくふゆとなる	空が塞がって冬になる。
熊蟄穴	くまあなにちっす	熊が冬眠に入る。
鱖魚群	けつぎょむらがる	鮭が集まってくる。

冬至　とうじ　12/21ごろ

乃東生	ないとうしょうず	夏枯草が生えてくる。
麋角解	びかくげす	鹿の角がとれる。
雪下出麦	せっかむぎをいだす	雪の下から麦がのびてくる。

小寒　しょうかん　1/5ごろ

芹乃栄	せりすなわちさかう	芹の苗が出さかる。
水泉動	すいせんうごく	泉の水が暖かみを含んでくる。
雉始雊	ちはじめてなく	きじが鳴きはじめる。

大寒　たいかん　1/20ごろ

款冬華	かんとうはなさく	蕗（ふき）がつぼみを出すころ。
水沢腹堅	すいたくふくけん	沢が凍りつく。
雞始乳	にわとりはじめてにゅうす	鶏が卵をかえしはじめる。

野《の》遊《あそ》び・磯《いそ》遊《あそ》び

四月ごろ

遠足・潮干狩りの起源でもある野外遊び

うららかな春の陽気が楽しめるころ、「野遊び」「磯遊び」という行事が各地で行われます。この日は重箱にごちそうをつめて野や磯に出かけ、河原などにかまどを作って煮炊きし、自然のなかで食事をいただき、花を摘んだり潮干狩りをして終日を遊んで過ごします。

野遊びや磯遊びは、自然に対する信仰に由来します。農事や漁撈《ぎょろう》に先駆けて野や磯に出かけるのは、そこに住む神様を迎えに行く意味があるのです。そこで神様への供物であるごちそうを食べて、神の霊力をいただくのです。

行う時期は地方によって異なりますが、旧暦の三月三日の上巳《じょうし》の節句、四月八日の卯月八日《うづきようか》に合わせて行うことが多いようです。磯遊びは、三月から五月にかけての大潮（潮の満ち引きの差が大きい時期）のころ、潮の引いた時間に行われます。アサリや蛤《はまぐり》は、ちょうど春が旬。潮干狩りを楽しみ、採った貝はお雛《ひな》様のお供えにしたりします。

野草を摘み春の苦みを味わう

　春は、食べ物の「苦み」を味わう季節といわれます。春に芽吹くさまざまな野草は、大地の生命力に満ちた大切な食材。野遊びの際には、ふきのとう、たらの芽などの野草を摘み、ぴりりとした苦みを味わって冬のあとの体を目覚めさせていたのでしょう。藤やつつじ、石楠花《しゃくなげ》などを摘むのも野遊びの楽しみ。これらの花は豊かな実りを予感させるものとして持ち帰って観賞しました。

　春はまた、ロマンスの季節です。民俗学者の柳田國男は、この野遊びの日を男女の縁を定める日だったのではないかと考えました。というのも、野草摘みや花摘みはどの地域でもたいてい若い男女が行っていたからです。

食べられる春の野草と花

【わらび】

ワラビ科ワラビ属の植物。葉先が開く前くらいまでのものを食べます。根からとれる澱粉はわらび餅の原料になります。

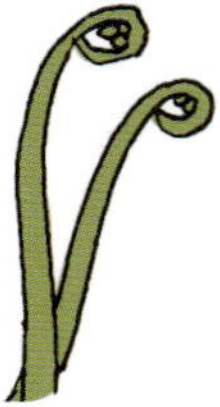

【ふきのとう】

ふきのとうは、キク科フキ属のフキの花茎のこと。葉より前に出てくる花茎はつぼみの状態で採取され、天ぷらなどにして独特のほろ苦さを楽しみます。

【よもぎ】

キク科ヨモギ属の多年草。春に伸びた新芽のやわらかい部分を料理に使います。香りがさわやかで、お菓子やパンの生地に混ぜて使われることが多いです。

【たんぽぽ】

キク科タンポポ属の植物で、日本には約20種の固有種があります。葉は苦味が少なければサラダに、苦味が強ければおひたし、花びらは天ぷらなどに。

【たらの芽】

たらの芽は、ウコギ科タラノキ属のタラノキという落葉低木樹の新芽のこと。天ぷらなどにして食べると美味で人気があります。

【つくし】

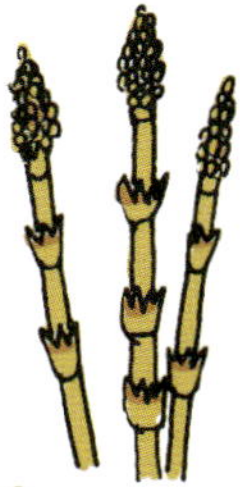

トクサ科トクサ属のスギナの胞子茎のことをつくしと呼びます。茎を取り巻く袴と呼ばれる葉をきれいに取り除き、卵とじや炒めものに調理するのが定番。

【菜の花】

アブラナ科アブラナ属のアブラナやセイヨウアブラナの花の俗称。元来は丈夫な植物で、河原や荒れた土地にも繁茂します。おひたしが定番の調理法。

【すみれ】

スミレ科スミレ属の多年草で日本各地に生えます。食べられる花として知られ、ヨーロッパでは古くからサラダや砂糖がけなどにして食べられています。

花《はな》見《み》

三月下旬～四月上旬

満開の花の下で宴を楽しむ

桜を観賞する花見は、平安時代のころから宮中で盛んに行われてきました。その後も桜への愛着は絶えることなく、江戸時代には庶民の間でも花見は楽しまれるようになりました。ちなみに桜といえば古くは山桜をさし、平安貴族が楽しんだのも山桜です。現在見られる桜はほとんどが染《そめ》井《い》吉《よし》野《の》で、山桜は奈良県の吉野山の桜に見られるような、もう少し色が濃い桜です。

花見はもともと、その年の豊作を祈願して行うもので、桜の下にお酒やごちそうを持ち寄り、宴を楽しむものでした。そのとき欠かせないのが、花見酒や花見団子、花見弁当です。お酒とお団子は、昔から花見に欠かせないもの。

「花より団子」といって、宴が進むにつれて花は忘れられがちですが、それもまた花見の楽しさのうちでしょう。

　ちなみに桜の葉を使った「桜餅」は、享保二年（一七一七）、東京向島の長命寺に住み込んでいた職人・山本新六の発明した餅菓子だといわれています。新六は桜の葉っぱを掃除するうち、葉を塩漬けにして餡餅をくるむことを思いつき、これを花見客に売ったところ大人気になったといいます。葉の塩気と餡の甘みがなんともいえずおいしい、江戸の名物菓子です。

Memo

桜をこよなく愛した豊臣秀吉の花見

今も語り継がれる、秀吉の絢爛豪華《けんらんごうか》な「吉野《よしの》の花見」と「醍醐《だいご》の花見」。吉野の花見では、朝鮮出兵が失敗に終わったことによる暗い世相を吹き飛ばそうと、武将5000人を従えて大々的に行われたといいます。他界する5か月前に行われたのが山科の醍醐寺で行われた花見。これで見納めかというくらいの豪華な宴だったといいます。

Let's try

桜ランチを持って お花見ピクニックをしよう

夜桜もいいですが、暖かな春の陽ざしの中、桜を愛でるのも気持ちがいいものです。名所ではなく、自分だけの穴場を見つけて鑑賞するのがおすすめ。

●桜茶

桜の花の塩漬けに湯を注いだ桜茶。淡いピンクの湯に可憐な桜の花がふわりと開いて優雅な気分に。

●桜お稲荷さん

ピクニックにぴったりのお稲荷さんにも、桜の花の塩漬けをトッピングして。

●桜餅

食後のデザートにはやっぱり桜餅。手作りも楽しいし、老舗の和菓子店の味を堪能するのも風流。

Memo

桜の種類

バラ科サクラ属の樹木。日本には、山桜をはじめとする基本の野生種が10種と、変品種をあわせて約100種が自生。さらに染井吉野などの園芸種が約300種あります。

●寒桜（カンザクラ）
開花期は3月上旬。花は小輪、一重咲きで淡紅色。暖地では1月中旬から咲き、熱海桜とも呼ばれる。

●江戸彼岸（エドヒガン）
開花期は3月下旬。花は小輪、一重咲きで淡紅色。寿命が長く、千年以上の年月を経ているものもあるといわれる。

●大島桜（オオシマザクラ）
開花期は3月下旬。花は大輪、一重咲きで白色。伊豆七島や房総半島などに自生する。

●染井吉野（ソメイヨシノ）
開花期は4月上旬。花は中輪、一重咲きで淡紅色。日本各地に植えられている代表的な桜。江戸時代末期に作られた比較的新しい品種。

●山桜（ヤマザクラ）
開花期は4月上中旬。花は中輪、一重咲きで白から淡紅色。日本人に古くから親しまれてきた野生の桜。

●大山桜（オオヤマザクラ）
開花期は4月中旬。花は中輪、一重咲きで淡紅から紅色。おもに関東より北に多く自生。

灌《かん》仏《ぶつ》会《え》

四月八日

誕生仏に甘茶をかけて祝う

四月八日は仏教の開祖・釈迦《しゃか》の誕生日です。この日は灌仏会、仏生会《ぶっしょうえ》などと呼ばれ、釈迦の誕生を祝う行事が催されます。灌仏会は「花祭り」の名でも知られますが、これは釈迦が生まれたというルンビニーの花園に由来します。山の花で飾った「花御堂《はなみどう》」という小さな御堂を設け、そこに釈迦の像を安置し、甘茶をかけてお祝いします。

Memo

アマチャはアジサイの一種

甘茶は、落葉低木のガクアジサイの変種であるアマチャを原料にした飲み物。アマチャの若い葉を蒸してもみ、乾燥させ、煎じて作ります。黄褐色で甘みがあります。

灌仏会で祀られる釈迦の像は「誕生仏」というものです。これは、生まれた釈迦がすぐに七歩歩き、右手で天を指し、左手で地を指して「天上天《てんじょうてん》下《げ》唯《ゆい》我《が》独尊《どくそん》」と唱えたという、誕生時の逸話をかたどったもの。甘茶をかけるのは、釈迦が生まれたときに九匹の龍が現れて清浄な水を注ぎ、産湯を使わせたという故事によります。

灌仏会のお供えには、甘茶とともに、草餅や草団子が欠かせません。山で摘み取ってきたよもぎを家庭で餅やお団子にし、お供えするのが習わしです。

甘茶に関する言い伝え

体が丈夫になる

参詣して甘茶を竹筒に入れて持ち帰ります。これを飲むと、体が丈夫になるといわれます。

書が上達する

持ち帰った甘茶を硯に入れて墨をすれば、書道が上達するといわれています。

虫除け

甘茶ですった墨で「千《ち》早《はや》振《ぶ》る卯《う》月《づき》八《よう》日《か》は吉日よ、神さけ虫を成敗ぞする」と書き、扉に逆さにして貼ると虫除けのおまじないになるという言い伝えも。

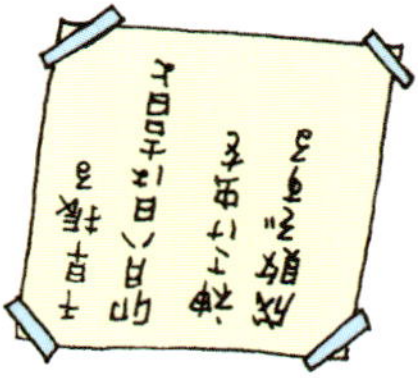

卯月八日《うづきようか》

農事に先立ち山に入り豊作を願う

灌仏会とは別に、四月八日には作物の豊かな実りを願う農業儀礼が行われます。これを「卯月八日」の行事といい、その習わしには地域によりさまざまなものがあります。

たとえば、西日本の各地には「天道花《てんどうばな》」といって、竹ざおの先に山に咲く花を結びつけて、庭先に高く掲げる風習があります。この花は、つつじ、石楠花《しゃくなげ》、藤、山吹など、野遊びの際に摘んできたものが使われます。天道花には、神の籠もる山から豊かな実りを感じる花を持ち帰ることで、田の神様が降りてくる依り代とする意味があります。

奈良県には、この天道花を、モチツツジの花を使って竹ざおの先端に十字にくくりつけ、さおの真ん中には一本の花を、さおの下には竹籠を結びつけたものを作り、七日の夕方に立てる風習があります。上の花は月に、真ん中の花は星に供えるものとされます。

Let's try

野花を飾ろう
～天道花風～

野山に出かけて、春の花を摘んで帰りましょう。
天道花風に竹筒に生ければ、和のしつらいに。

石楠花《しゃくなげ》

山つつじ

卯の花

樒《しきみ》

野花の種類

石楠花や山つつじ、樒、卯の花などが天道花に使われます。春の可憐な野花であれば、種類にこだわらなくてOK。

青竹

竹はホームセンターなどで手に入りますが、和菓子が入っていた竹の容器を取っておくと、いろいろ使えます。

十《じゅう》三《さん》詣《まい》り

四月十三日

虚空蔵《こくうぞう》菩薩《ぼさつ》の智恵を授かる

十三詣りとは、数え年で十三歳になる子どもが旧暦の三月十三日に虚空蔵菩薩に参拝する行事です。新暦では、月遅れの四月十三日に行います。

虚空蔵菩薩は、宇宙のように広大な慈悲と智恵をもった菩薩であり、その智恵を授けてもらうのが十三詣りの目的です。数え年の十三歳は、十二支がひと巡りして、はじめて自分の干支に戻ってくる年にあたります。また、女の子の十三歳は一人前になる年齢と見なされていました。これが虚空蔵菩薩の縁日(十三日)と結びつき、十三詣りの風習が生まれたようです。

十三詣りは、とくに関西で盛んです。「嵯峨の虚空蔵さん」と呼ばれる京都・嵐山の法輪寺《ほうりんじ》は十三詣りで有名で、毎年多くの子どもたちでにぎわいます。この寺には、十三詣りの後、寺の前にある渡月《とげつ》橋きょうを渡り終える前に後ろを振り返ると、授かった智恵が失われるという言い伝えがあります。

Memo

十三詣りの京都の言い伝え

法輪寺の帰り、渡月橋を渡り終える前に後ろを振り返ると、授かった智恵を落としたり戻したりするという言い伝えがあります。これは、決められた約束は必ず守る、ということを意味しているといわれます。

Memo

着物を着るなら本裁ちで肩上げしたものを

この日はじめて本裁ちの大人の着物を着ます。しかしまだ、肩のところを縫い上げて袖の長さを調節する「肩上げ」をしておきます。これは子どもの証。参拝がすんだら肩上げを取ってもらいます。

八《はち》十《じゅう》八《はち》夜《や》

良質なお茶がとれる縁起のよい日

立春から数えて八十八日目にあたる日が八十八夜です。「夏も近づく八十八夜」と唱歌にも歌われるとおり、八十八夜の三日後には夏がはじまる立夏となるので、この日を境に夏の準備がはじめられます。

農家には「八十八夜の別れ霜」という言葉があります。八十八夜ごろから農作物の霜害《そうがい》の心配がなくなるので、苗代のモミまきや畑の種まきなどが行われるのです。また、八十八は重ねると「米」の文字になることから、農業をはじめるのによい日だという縁起担ぎもあります。

八十八夜のころは茶摘みの最盛期でもあり、この日に摘んだ茶葉は、特にやわらかく良質であるといわれます。また、八十八が八という末広がりの字が重なって縁起がいいことから、八十八夜に摘んだお茶を飲むと長生きできると伝えられます。そのため八十八夜のお茶は、神仏に供えたり、目上の方に差し上げる習わしがあります。

お茶に関する豆知識

「茶」の語源

ルーツは中国の雲南《うんなん》省といわれ、世界的に「ティー」あるいは「チャ」のふたつの系統に近い発音で呼んでいます。これは中国の廈門《あもい》方言の「テー」と広東方言の「チャ」のふたつを元に世界各地へ伝わったからといわれています。

お茶は椿と同類

お茶は、ツバキ科ツバキ属のチャノキという植物の葉を加工して作られた飲み物。このチャノキは、椿や山茶《さざん》花《か》と同類で、冬に白色五弁の小さくてかわいらしい花を開きます。

海外での「茶」の呼ばれ方

イギリス、アメリカ　tea（ティー）
ドイツ　tee（テー）
フランス　thé（テ）
イタリア　tè（テ）
オランダ　thee（テー）
ポルトガル　Chá（シャ）
トルコ　çay（チャイ）

煎茶

日本茶の代表でもっとも日常的に飲まれているお茶。渋味をおさえたものを深蒸し茶という。

番茶

製法は煎茶と同じでさっぱりした味。夏・秋摘みの大きくて硬めの葉をおもな原料にしている。

ほうじ茶

番茶やくき茶を強火で炒って、香ばしさを出したお茶。すっきりするので食後に好まれる。

玄米茶

番茶や煎茶に炒った玄米を混ぜたお茶。玄米の香ばしさに番茶や煎茶のさっぱりとした味わい。

玉露・かぶせ茶

よしずや藁で茶園を覆い、日光を遮って育てた高級茶。渋みが少なく、旨みが豊富。

抹茶

日光を遮って育てた葉を蒸した後、葉脈を取り除いて乾燥させ、石臼で挽いて粉にしたお茶。

蒸し製玉緑茶（ぐり茶）

煎茶と最終工程が異なるため、丸いぐりっとした形状に仕上がる。まろやかな味わい。

釜炒り製玉緑茶

高温の釜で茶葉を炒って仕上げたお茶。蒸し製玉緑茶とともに九州地方でおもに作られている。

ウーロン茶など

発酵程度の進んだ烏龍茶と、発酵程度が浅く見た目にも青みの残る台湾産包種茶がある。

紅茶

茶葉を完全に発酵させたもので濃い橙紅色の香り高いお茶。世界中で飲まれている。

お茶の分類

お茶の原料はみなチャノキですが、加工方法によって大きく3つに分けられます。ひとつ目は、蒸気で蒸すことによって発酵を止めた不発酵の日本茶（緑茶）。次に、ウーロン茶などの半発酵茶。3つ目は、完全に発酵させた紅茶です。

不発酵茶（緑茶）

- 釜炒り製（日本式）
- 釜炒り製（中国式）

半発酵茶

発酵茶

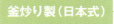

お茶の産地

新潟県（村上茶）

集団的なお茶の生産地としては、日本の最北といわれる村上地方のお茶。年間の日照時間が短いため、渋味成分のタンニンの含有量が少なく甘みがあるのが特徴。

埼玉県（狭山茶）

仕上げ段階で熱を加えて十分に乾燥させ、味や香り、貯蔵性を高める独特の製法（狭山火入）を用いている。甘くて濃厚な味わいが特徴。

静岡県（静岡茶）

いわずと知れた日本一の名産地。県中央部の牧之原台地を筆頭に富士山麓、安倍川、大井川、天竜川、太田川流域でそれぞれ特徴のあるお茶が生産されている。

三重県（伊勢茶）

鈴鹿山脈の麓の北勢地域は、まろやかな味のかぶせ茶が、櫛田川・宮川流域では香り豊かな「深蒸し茶」が有名。お茶の生産量は全国3位。

京都府（宇治茶）

江戸時代、宇治製法といわれる「青製煎茶法」が考案され、これが現在の日本の煎茶製法へと発展。玉露、抹茶の産地としても有名。

福岡県（八女茶）

煎茶と玉露が中心で、玉露の生産量は日本一。霧深く冷涼な山間地域で生産される玉露は、アミノ酸が豊富で甘みが強く、玉露特有の深い香りが特徴。

鹿児島県（かごしま茶）

静岡に次いで全国二位の生産高を誇る。薩摩茶、知覧茶の名でも知られている。暖かい気候を利用して4月上旬から摘まれるお茶は、日本一早い新茶として有名。

How to

日本茶をおいしく入れる方法

[湯温と蒸らし時間]

●煎茶

湯は70〜80度、蒸らし時間は1〜2分。

●玉露

湯は60〜65度、蒸らし時間は2〜3分。

●ほうじ茶・ 玄米茶

熱湯で、蒸らし時間は15〜30秒。

1 沸かしたお湯を、人数分の湯呑みに注ぎ、各茶葉に適した温度まで下げる。

2 急須に適量の茶葉を入れる。1人分はティースプーン2杯が目安。

3 湯呑みに入れたお湯を注いで蒸らし、すべての湯呑みにお茶を3〜4回に分けて注ぎ切る。

五月五日

端午《たんご》の節句《せっく》① ―由来について

過ごしづらい初夏の厄《やく》を祓う

五節句のひとつである端午の節句には、鯉のぼりや武者人形を飾り、男の子の成長を願う行事が行われます。

そもそも旧暦五月（新暦では六月ごろ）は、高温多湿で伝染病や害虫の被害が多い月でした。そのため古代中国では、「五」が重なる五日に、菖蒲《しょうぶ》やよもぎなどの薬草を使って邪気を祓う行事が行われてきました。一方の日本では、五月は田植え前の季節にあたり、苗を植える女性（早乙女《さおとめ》）たちが、菖蒲やよもぎでふいた屋根の下で身を清める習わしがありました。これらの習慣が結びつき、端午の節句には菖蒲を入れた湯に入り、厄を祓う行事が生まれたようです。ちなみに、端午は「月はじめの午の日」という意味。古代中国の暦では、五月は午の月であり、五が午と同音であることから端午の節句といわれるようになりました。

端午の節句に男の子の成長を祝うのは、江戸時代のころに生まれた習わしといわれます。これは菖蒲が「尚武《しょうぶ》」「勝負」に通じることから、勇ましい男の子に育ってほしいという願いと結びついたもの。はじめは武士の間で祝われていましたが、庶民ものちにこれをまねるようになりました。

五月の空を泳ぐ鯉のぼりには、黄河《こうが》の竜門を登った鯉は龍になれるという中国の伝説から、男の子がたくましく育ち、立身出世するようにとの願いが込められています。日本で鯉のぼりが盛んになったのは、江戸時代末期からのこと。古くは、武家は家紋の入った旗指物《はたさしもの》や幟《のぼり》、吹き流しなどを戸外に掲げていたようです。

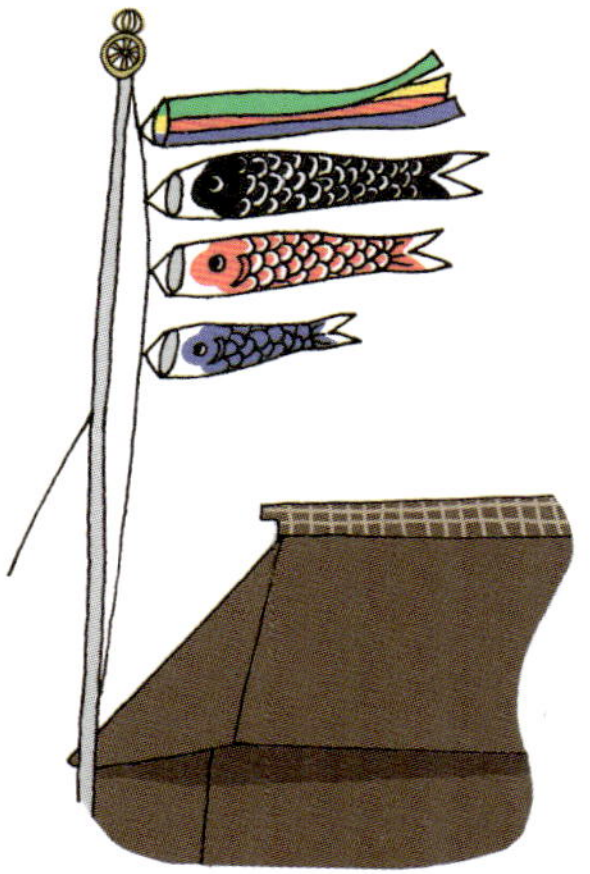

端午《たんご》の節句《せっく》② ―― 行事について

五月五日

五月人形を飾り柏餅《かしわもち》をいただく

端午の節句には、菖蒲《しょうぶ》を軒下に飾ったり、枕の下に敷いて寝たりして厄除けをする風習があります。なかでもよく知られているのが菖蒲湯です。菖蒲は芳香で邪気を祓うとともに、疲れをとったり、打ち身に効く薬効があります。

男の子のいる家庭では、五月人形を飾り、戸外に鯉のぼりを立てます。五月人形には、雛《ひな》人形と同じように子どもの身代わりに災厄を引き受ける意味があります。当日は、両親や親類を呼んで、柏餅やちまきを食べてお祝いします。

端午の節句に行うこと

鯉のぼりをあげる

竿の先端に籠玉《かごだま》、矢《や》車《ぐるま》をつけ、吹き流し、真鯉《まごい》、緋鯉《ひごい》、子鯉《こごい》を結ぶのが一般的。

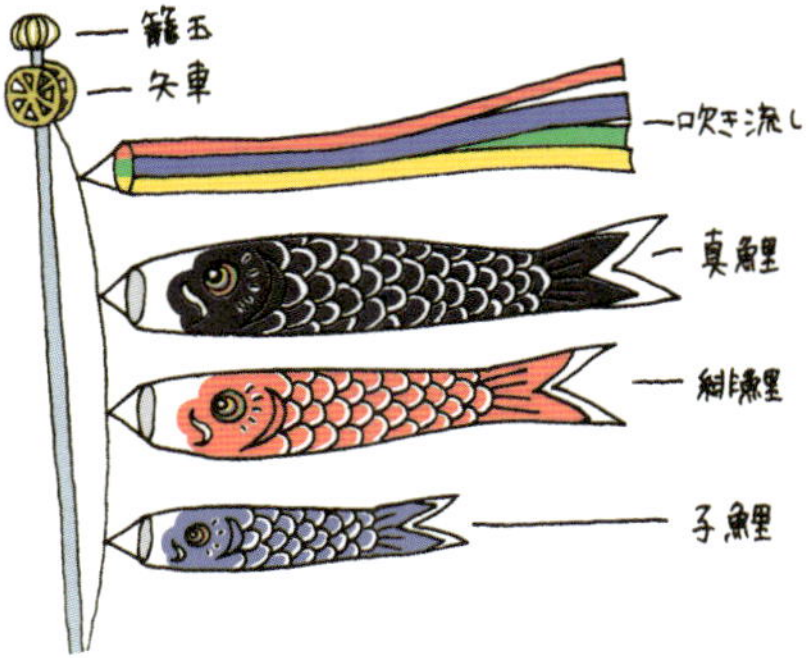

五月人形を飾る

三段飾りが伝統的。上段に鎧兜《よろいかぶと》を置き、太刀や弓、篝火《かがりび》を置きます。中段には軍《ぐん》扇《せん》、太鼓、陣笠《じんがさ》を、下段には柏餅、菖蒲酒、ちまきを並べ、鯉のぼりと吹き流しも添えます。

菖《しょう》蒲《ぶ》湯《ゆ》に入る

菖蒲の葉をお風呂に入れて入浴する習わしは、江戸時代の宮中でも行われていました。邪気を祓い、心身を清めることができるという言い伝えがあり、現在も広く行われています。

4～5本をひもで結んでまとめ、水を張った浴槽に入れて沸かします。

柏《かしわ》餅《もち》を供える

米の粉を練って蒸し、その中にあんこを入れて柏の葉で包み、再度蒸したもの。柏は古来、神聖な木とされ、樹木を守る神もこの木に宿るといわれています。

ちまきを供える

もち米や葛粉などを水で練って、茅《かや》の葉や笹の葉、竹の皮などで包んで蒸したもの。柏餅とともに端午の節句には欠かせない食べ物です。正月に食べる地域もあります。

Memo

まだまだある! 菖蒲に関する習わし

軒菖蒲

菖蒲を3～4本、よもぎ2～3本を一緒にひもで結んで、屋根に挿したり、投げ上げたりする。邪気や厄病を祓うと考えられている。

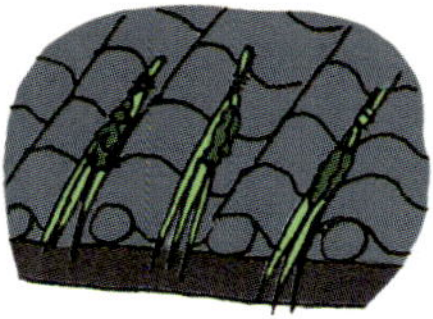

菖蒲酒

中国から伝わった風習で、菖蒲の根を漬けたお酒のことをいう。端午の日に飲むと、悪疫を避けることができるといわれる。

菖蒲鉢巻き・菖蒲枕

男の子が鉢巻きをして、そこに菖蒲を挿したり、枕の下に菖蒲を敷いて寝るのも、邪気を祓うおまじない。

Let's try

包装紙で大きな兜《かぶと》を作ろう!

1 図のように包装紙に折り目をつけて、正方形に切る。

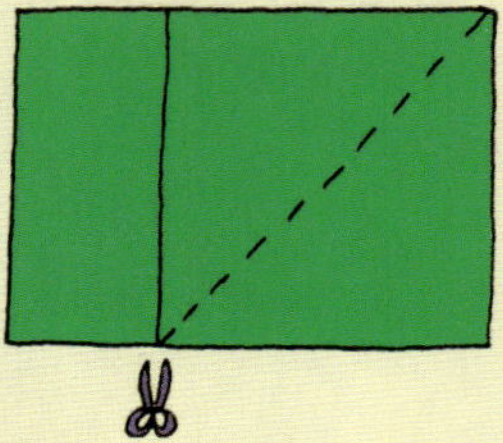

2 三角形になるよう、半分に折る。

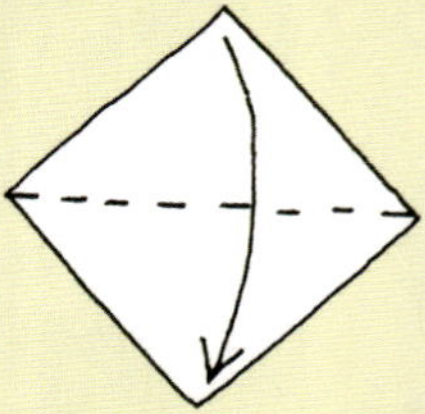

3 角と角を合わせるようにして折る。

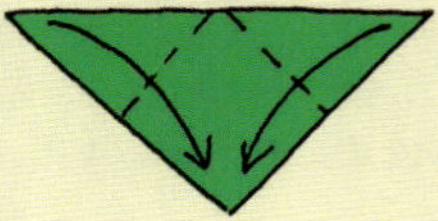

4 さらに、角と角を合わせるようにして折る。

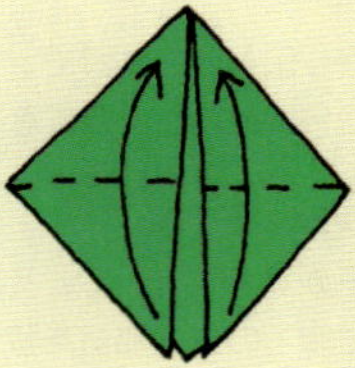

5 角を開くように折る。

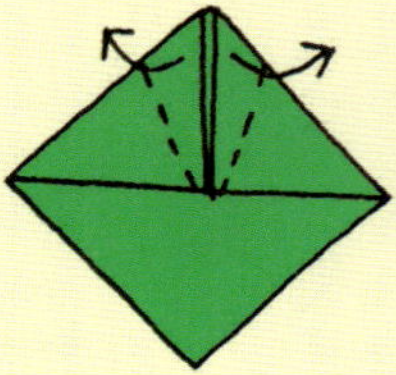

6 図のように、１枚目を
折る。

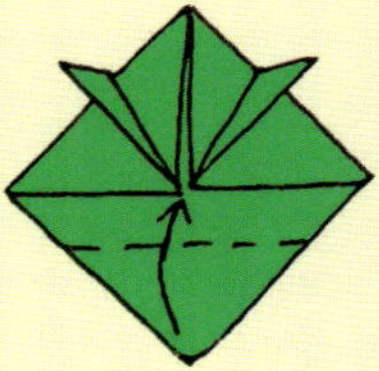

7 さらに角と角を結ぶ線
で折る。

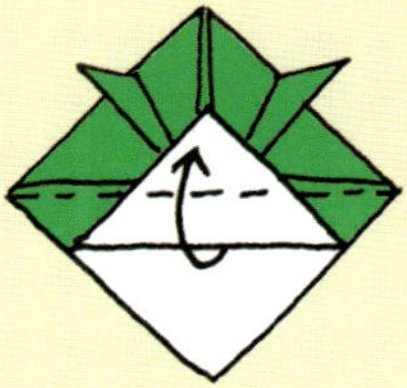

8 角を内側に入れる。

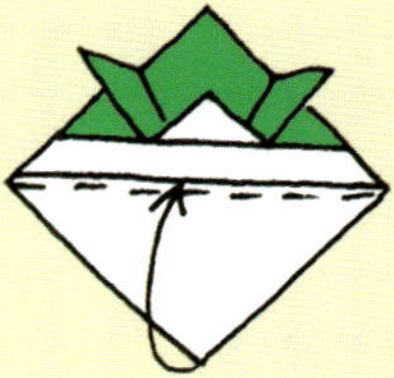

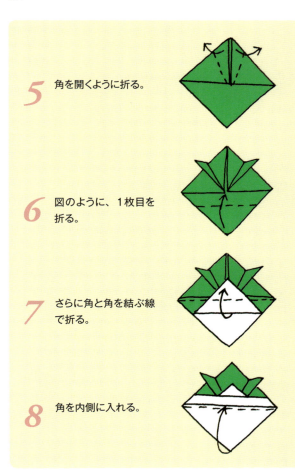

母《はは》の日《ひ》

五月第二日曜日

母への感謝をカーネーションに託す日

母の日は、アメリカ生まれの記念日です。一九〇〇年代初頭、ウエストバージニア州のアンナ・ジャービスという女性が、母の命日である五月九日に、母が愛した白いカーネーションを胸に飾り、集まった人にもそれを配って、母への感謝を表したことにはじまります。これが反響を呼び、一九一四年、議会の決議を経て、五月の第二日曜が「母に感謝をする日」として定められました。

母を亡くした人は白いカーネーションを、母が健在な人は赤いカーネーションを胸に飾り、花束を母に贈るのが本来の習わしですが、今は赤いカーネーションが一般的です。

いつも忙しいお母さんに感謝の念を込め、プレゼントを贈る人も多いでしょう。プレゼントの定番にエプロンがありますが、今はむしろ、骨休めをしてもらうための旅行券や、おしゃれな洋服やアクセサリーが人気のようです。

Memo

色で異なるカーネーションの花言葉

花言葉を気にするお母さんには注意して贈りましょう。

絞り
愛の拒絶

黄
軽蔑・嫉妬・友情

赤
真実の愛・母の愛情

ピンク
感謝・上品・気品

白
尊敬・純潔の愛

母の日のプレゼントアイデア

【手料理】

お母さんの好物や、ふだんあまり
食べないようなおしゃれな料理を。

【手紙】

感謝の気持ち、お母さんへの愛情
を手紙にしたためて。

【1泊旅行】

特別な時間と思い出をプレゼント。
親子水入らずでゆっくり過ごして。

【マッサージ・エステ】

働きづめで疲れているお母さんには、癒しのプレゼントを。

【一緒にショッピング】

一緒に出かけて、お母さんに似合う洋服や小物を選んであげて。

六月暦　水無月《みなづき》

衣《ころも》替《が》え

六月一日

盛夏に向けて、衣服の夏支度

夏と冬で衣類を替える衣替えは、宮中行事に由来する習わしです。一年の寒暖差が激しい日本では、衣替えが欠かせません。平安時代の宮中では、「更衣《こうい》」といって、四月一日に夏装束《なつしょうぞく》へ、十月一日に冬装束《ふゆしょうぞく》に改め、几帳《きちょう》などの調度品もその際に合わせて替える習慣がありました。

古くはまだ四季に応じた衣類がなく、夏・冬の装束のほかは下着で寒暖を調節していました。江戸時代になると木綿が普及し、庶民の間でも季節に応じた衣類を着るようになりました。春と秋には、裏地の付いた「袷《あわせ》」を、夏には裏地のない「単衣《ひとえ》」を、冬には表地と裏地の間に綿を入れた「綿入れ」を着ました。綿入れは三月の終わりまで着るので、四月一日は「綿抜きの朔日《さくじつ》」ともいわれます。

現在は、季節の変化に合わせて柔軟に衣替えをする人が多いようですが、学校や職場で制服がある場合、六月一日と十月一日に夏服・冬服の衣替えをするのが一般的です。

Memo

着物の衣替え

着物は基本的にスリーシーズン。基本的なルールなので把握しておきましょう。

【薄物《うすもの》(7~8月)】

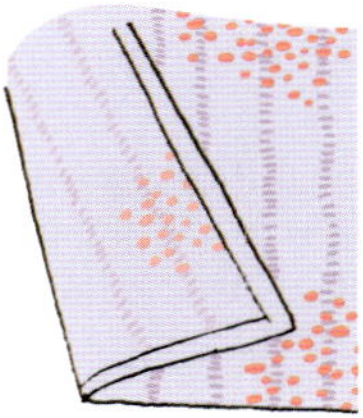

一重仕立ての夏の着物。絽や紗などの透け感のある素材で涼やかな着物です。

【単衣《ひとえ》(6・9月)】

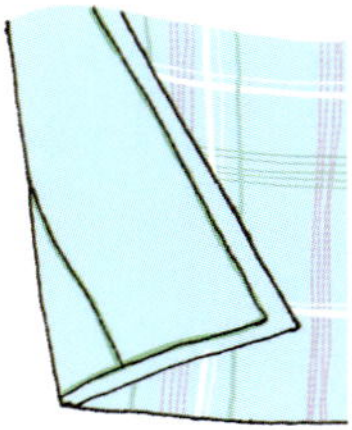

袷と薄物の季節の間、6月と9月に着る着物。一重仕立てになっています。

【袷《あわせ》(10~5月)】

秋から初夏にかけての着物。裏布つきで、二重仕立てになっています。

衣類収納のコツ

【カンタンに衣替えできるアイデア】

キャスターつきの収納ケースならオンシーズンとオフシーズンで入れ替えればOK。クローゼットの奥行にぴったり合うものを。

奥の物を出しにくい、奥行きのある収納ケース。半分に仕切って、奥をオフシーズンのスペースに。

【収納力アップのアイデア】

クローゼットのポールの奥につっぱり棒を渡せば、収納量アップ。洋服は壁に対して並行に掛けます。

大きなS字フックを使えば、簡単にハンガーのずらし掛けができます。

洋服をケースのサイズに合わせてたたみ、縦に重ねます。オフシーズンのものを大量にしまうのに便利。

オフシーズンのジャケットやコートはたたんでしまえば省スペースに。縫い目に沿ってたたみましょう。

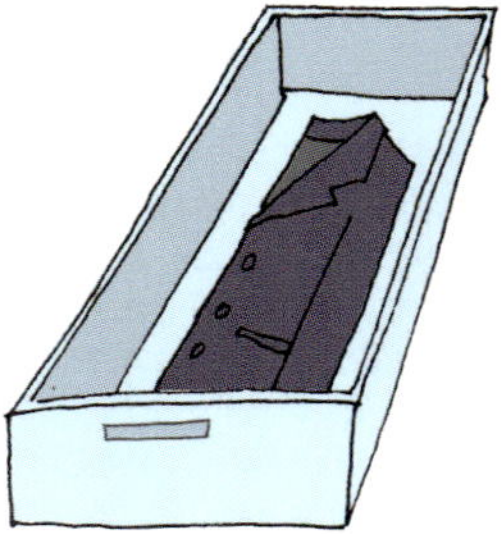

時《とき》の記《き》念《ねん》日《び》

六月十日

日本ではじめて時を知らせた日

大正九年（一九二〇）、生活改善同盟会によって制定されたのが時の記念日です。腕時計も懐中時計も普及しておらず、世の中全体がのんびりしていた時代に、国民にきちんと時刻を守らせようとしたのが制定の狙いでした。

記念日の根拠は、『日本書紀』の一節にあります。天智天皇は日本ではじめて水時計を作り、鐘や鼓で時刻を知らせたといいます。これが六七一年四月二十五日のこと。それを新暦に換算したのが六月十日なのです。

【昔の時刻の表わし方】

昔は年や月、日にち、時刻や方位までを干支で表しました。時刻は、まず夜の12時を中心にして前後の2時間を、「子の刻」とし、2時間ごとに順番に干支をあてはめていきます。さらに、それぞれの2時間を4等分して、「ひとつ、ふたつ…」と表します。午前2時は「丑三つどき」です。そして、干支とは別に、夜と昼の12時を「九つ」とし、それを起点に2時間ごとに数を減らすという方法があり、午前6時を「明け六つ」午後6時を「暮れ六つ」と表していました。

【十二支】

子
ね
丑
うし
寅
とら
卯
う
辰
たつ
巳
み
午
うま
未
ひつじ
申
さる
酉
とり
戌
いぬ
亥
い

【時刻】

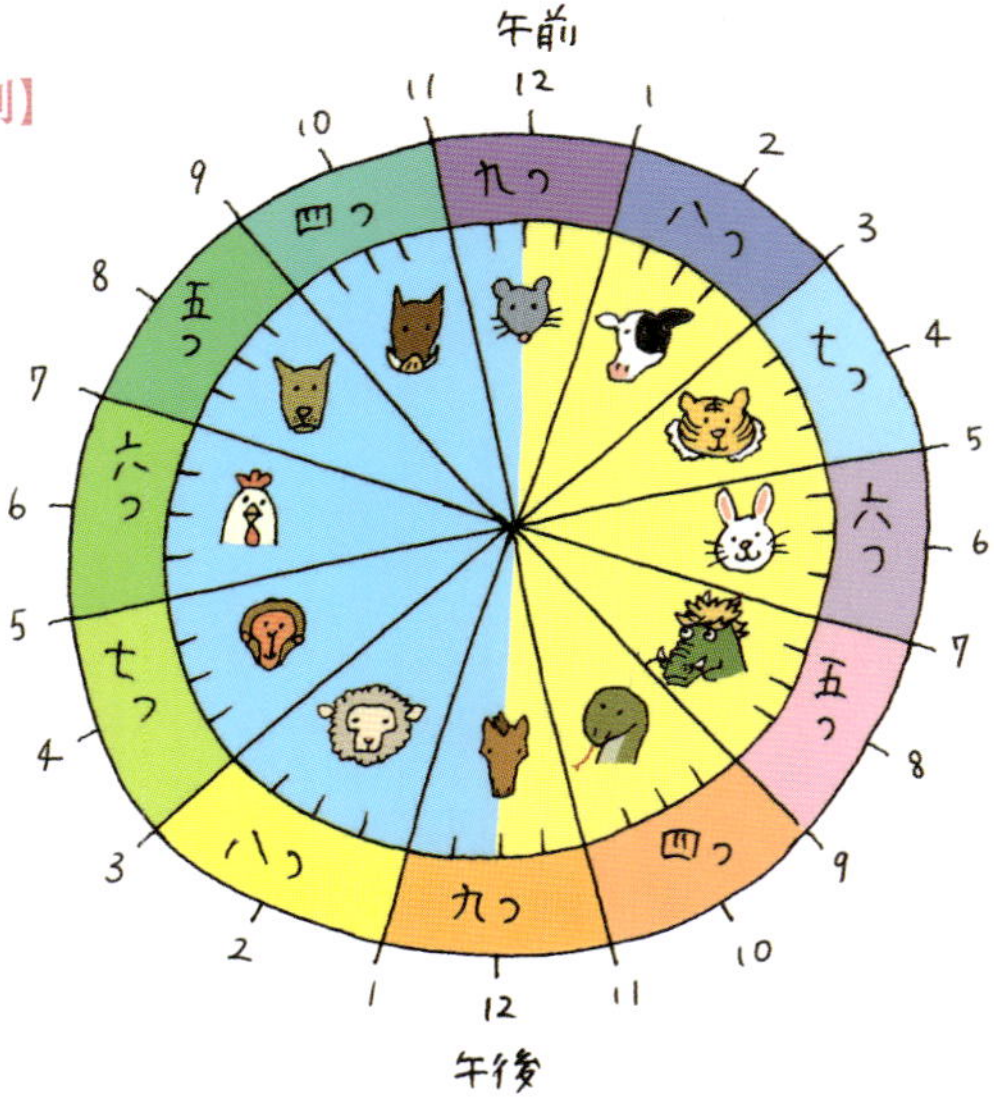
午前
12
1
2
3
4
5
6
7
8
9
10
11
九つ
八つ
七つ
六つ
五つ
四つ
午後

入《にゅう》梅《ばい》

六月十一日ごろ

梅雨《つゆ》が明ければいよいよ夏本番

入梅とは雑節《ざっせつ》のひとつで、立春から百二十七日目の六月十一日ごろをさします。ただし実際の梅雨入りは、日本は南北に長いために各地で一か月ほどの幅がありますし、同じ地域でも年によっても異なります。関東甲信地方では、例年六月八日ごろに梅雨入りします。

梅雨といえば、細い雨が毎日降り続き、湿度が高くなって過ごしづらい時期です。これは、春から夏へ季節が移るなかで、大陸の冷たい高気圧と太平洋の暖かい高気圧がぶつかり、その境目に梅雨前線が生まれることで起きる現象です。ちなみに梅雨を「梅」の雨と書くのは、梅の実が黄色く熟する季節の雨だからといわれます。

人間には憂鬱な梅雨も、稲の成育には、なくてはならない恵みの雨。雨の少ない空梅雨の年には農産物の高騰や水不足が心配され、国民全体の暮らしに影響が及びます。

梅雨以外の雨が多い時期

【菜種梅雨《なたねづゆ》】

菜の花が美しい3月末～4月にかけて降る雨。豪雨や何日も降り続くことは少ないけれど、曇りや雨の日が多くすっきりしません。

【走り梅雨】

本格的な梅雨に入る前の5月の末ごろに降り続く雨。そのまま梅雨に入ってしまうこともあります。「走り」とは、「初もの」の意味。

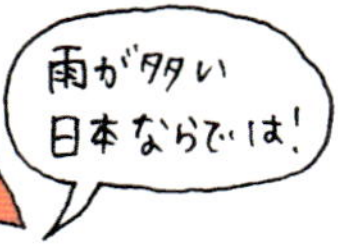

【秋の長雨】

9月中旬から10月上旬にかけて降る長雨のこと。曇りがちで小雨が降るような日が続くのが特徴。「秋霖《しゅうりん》」とも「秋黴雨《あきついり》」とも呼ばれます。

Let's try

梅酒を漬けてみよう!

[材料と道具]

青梅 1〜1.5Kg

傷がないものを選びましょう。

氷砂糖 400g

梅酒にはゆっくり溶ける氷砂糖が最適。

焼酎 1.8l

アルコール度数35度以上のものを。

果実酒用の瓶

中ぶたに栓がある、4リットルの容量の瓶。

[作り方]

1 両手でやさしくこすり、水洗い。未使用の清潔な歯ブラシで表面の汚れをやさしく取り除く。

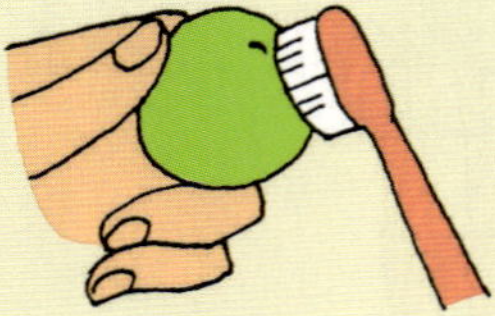

2 水につけてアク抜きをしたら竹串や爪楊枝で、なり口のヘタ（ホシ）を取り除く。

3 清潔なふきんで水気をしっかり拭き取り、熱湯消毒をした瓶に入れる。

4 氷砂糖を入れる。砂糖が全体に浸透するよう、梅の上に砂糖を置く。

5 焼酎を注ぎ入れる。ブランデーなどでもOKだけど、必ず35度以上のお酒を。

6 栓を開けた状態で中ブタを閉め、外ブタも閉める。冷暗所で3か月以上は熟成させて。

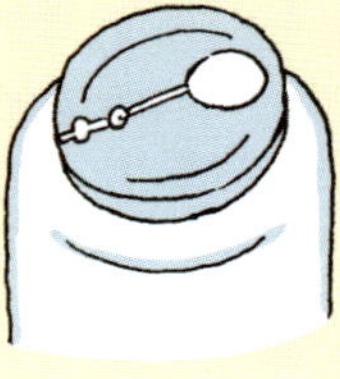

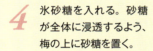

How to

カビ予防のアイデア

【浴室】

入浴後、浴室全体に熱いシャワーをかけ、除菌（カビ予防）。その後、冷水をかけて温度を下げれば、石けんカスや皮脂汚れも落とせる。

【衣類】

晴れた日が2日続いたら、衣類のカンタン虫干しを。家中の窓を開けて風の通り道を作り、クローゼットのあらゆる扉、引き出しも開け放つ。

【エアコン】

エアコン使用の前後30分を「送風運転」すると、内部に湿気がこもらず、カビ予防に。フィルターを常に清潔に保つことも忘れずに。

【冷蔵庫】

梅雨時は、冷蔵庫も要注意エリア。除菌効果が高く、食品にかかっても安心なエタノール（アルコール）スプレーを使ってこまめに拭き掃除を。

【玄関】

靴箱の棚板に新聞紙を敷いておくと除湿効果が。梅雨時は、1日履いた靴をすぐに靴箱に入れない、濡れた傘や靴は玄関に置かない、を徹底。

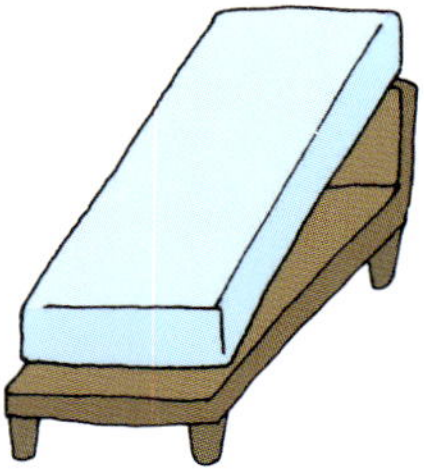

【布団＆ベッド】

布団は少なくとも週に2回は天日干し。裏返して両面ともしっかり日に当てる。ベッドマットは持ち上げて、裏側に風を通すようにする。

父《ちち》の日《ひ》

六月第三日曜日

母の日に対応して生まれた記念日

「父の日」は母の日と同じくアメリカ生まれの記念日です。一九一〇年、妻に先立たれた父に育てられたジョン・ブルース・ドット夫人が「母の日があるなら父の日もあっていいのでは」と提唱したのをきっかけに行事として広まり、一九七二年にはアメリカの国民の休日になりました。

父の日の贈り物はバラとされますが、

Memo

父の日のシンボルはバラ

ドット婦人が父の墓前に白いバラを供えたことから、父の日の花はバラといわれています。色は白に限らず、黄色や赤も贈られています。日本では、ネクタイやベルトなどの服飾品、酒などの贈り物が多いようです。

「子の愛」という花言葉のユリも贈られます。花とともに、品物が添えられることも多いようです。

父の日のプレゼントアイデア

一緒にお酒を飲みに行く

「お酒を一緒に飲みに行こう!」と誘われたら、きっとうれしいはず。ゆっくり語り合うひとときは、記憶に残る贈り物になること間違いなし。

きょうだいで寄せ書き

遠くに住んでいて会いに行けない場合は、みんなで寄せ書きを贈ってみては。

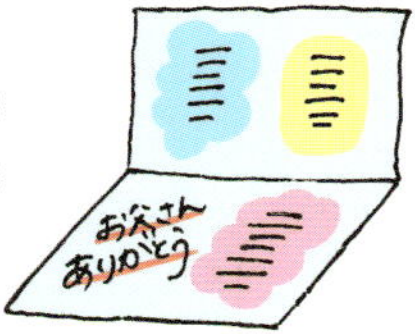

お母さんとの食事券・旅行券

照れ屋のお父さんには、ペアの食事券や旅行券を贈り、夫婦水入らずの時間を作ってあげて。

夏《な》越《ごし》の祓《はらえ》

六月三十日

半年間の穢《けが》れを除く大祓《おおはらえ》の日

十二月末日を年越というのに対して、夏から秋へ季節が変わる六月末日を夏越といいます。半年が終わるという節目の日には、日頃の穢れを取り除く大祓の行事が各地で行われてきました。

普段私たちは、知らず知らず罪を犯したりするなかで、さまざまな穢れを身につけています。穢れは病気や災いの元となるため、定期的にお祓いをする必要があります。それが半年に一度の、「夏越の祓」と「年越の祓」なのです。

夏越の祓を代表する習わしに「茅《ち》の輪《わ》くぐり」があります。茅とはチガヤという鋭利な葉を持つ植物で、邪気をそぎ落とす効果があるとされます。この茅の輪は神社の本殿前や鳥居の下に設置され、中をくぐると身が清められるといいます。また、人形に穢れを移してお祓いする行事や、京都には「水無月《みなづき》」という和菓子を食べる風習もあります。

How to

茅《ち》の輪《わ》のくぐり方

「水無月《みなづき》の夏越《なごし》の祓《はらえ》する人《ひと》は、千歳《ちとせ》の命《いのち》のぶというなり」という歌を唱えながら、左まわり、右まわり、左まわりと、八の字を描くように3回くぐり抜けます。

茅の輪

水無月の
夏越の祓する人は
千歳の命
のぶというなり

Let's try

カンタン水《み》無《な》月《づき》を作ろう!

[材料]

[作り方]

1 ボウルに薄力粉、砂糖を合わせ、水を2～3回に分けて加え、よく混ぜ合わせる。

2 型の内側を水でぬらし、1の液の6分の5量を流し入れる。

3 ラップをかけ、電子レンジ（500W）で7分加熱する。

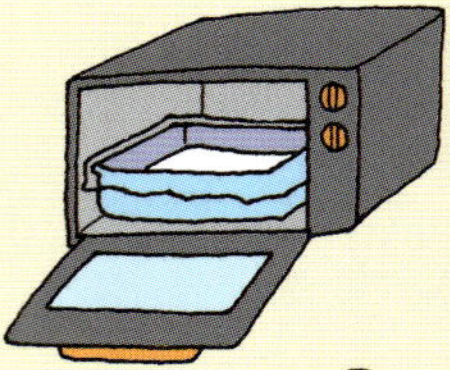

4 表面が固まっていれば甘納豆を散らし、2で残しておいた液をかけ、ラップをかけて電子レンジ（500W）で1分半加熱。

5 表面が固まっていれば常温に冷まし、粗熱が取れたら冷蔵庫で冷やして食べやすい大きさに切り分ける。

Memo

水無月ってどんなお菓子？

昔は、6月になると氷や氷に見立てた餅などを食べ、邪気祓いをしました。「水無月」もそのひとつ。外郎《ういろう》生地の上に厄災を祓うという小豆をのせ、氷室の氷に見立てて三角形に切ります。

七月暦　文月《ふみづき》

山開《やまびら》き

七月一日

神聖な山の禁が解かれる日

日本人にとって、山は神の籠もる場所として長く信仰の対象でした。そのため、神仏を祀った霊山への入山は僧侶などを除いて禁止されていました。しかし、修《しゅ》験者《げんじゃ》による山岳修行が盛んになると、一般の人もその霊験《れいげん》を得ようと、夏の許された期間に登山するようになりました。

山開きは、その年はじめて登山の禁が

「どっこいしょ」のかけ声の由来

金剛杖を持った行者たちが山登りの際に唱える「六根清浄《ろっこんしょうじょう》」という祈りの言葉。これが「六根清」となり、「どっこいしょ」になったといわれています。

解かれる日をいいます。霊峰・富士山が山開きをする七月一日には、白装束《しろしょうぞく》をまとって金剛杖を持った行者たちが、「六《ろっ》根清浄《こんしょうじょう》」と唱えながら山頂を目指していきます。「六根清浄」は巡礼の際に唱える言葉で、体の器官（六根）を清らかにし、心を無にして自然と一体化する意味が込められています。

　富士山は、今も昔も庶民の憧れの聖地で、容易に登れるものではありません。その代わり、各地に勧請《かんじょう》された富士山の浅間《せんげん》神社に参拝し、富士塚と呼ばれる富士山を模した塚に登ると、富士登山と同じ霊験が得られるといいます。

お富士さんの植木市

富士塚といえば、東京・駒込の富士神社や下《した》谷《や》の小《お》野《の》照崎《てるさき》神社《じんじゃ》が有名。富士塚こそありませんが、浅草の浅間神社は神社そのものが一段高いところにあり、それを富士山に見立てた山開きが行われます。このとき開かれる植木市は、「お富士さんの植木市」と呼ばれて親しまれています。

七夕《たなばた》（しちせき）①—七夕祭りの由来

七月七日

笹飾りを飾り、お盆前の体を清める

七夕は五節句のひとつで、星祭りを中心に行う行事です。織女《しょくじょ》・牽牛《けんぎゅう》（日本では織《おり》姫《ひめ》・彦星《ひこぼし》）という夫婦の星が一年に一度めぐり会うこの日の夜は、笹竹に願いを書いた短冊や色とりどりの飾り物をつるし、軒端に飾ります。

七夕行事は、織女・牽牛をめぐる星伝説と、裁縫や習字の上達を願う「乞巧奠《きこうでん》」という行事が中国から日本に伝わり、さらに日本独自の「棚機女《たなばたつめ》」伝説が結びついて生まれたものです。棚機女とは、神に捧げる布を織り、人々の厄を神に持ち帰ってもらう巫女《みこ》をいいます。七夕を「タナバタ」と読むのは、この棚機女の伝説に由来しています。

七夕には、お盆を前に体を清めておく意味あいの行事も行われます。子どもや牛馬などに水浴びをさせる「ねむた流し」や、笹竹や供物を七夕の翌日に川や海に流す「七夕送《たなばたおく》り」には、水で体を清める禊《みそぎ》の意味が込められています。

七夕祭りとは

中国の「星伝説」と「乞巧奠」、日本の「棚機女」伝説が融合したお祭り。

中国の「星伝説」

織女と牽牛が1年に1度だけ出会えるという伝説。

中国の「乞《き》巧奠《こうでん》」

織女と牽牛の願いが叶う日にあやかり、願いごとをする行事。

日本の「棚機女《たなばたつめ》」

『古事記』の神話に登場する乙女で神に捧げるための衣を織る。

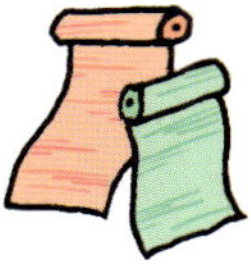

七夕《たなばた》②（しちせき）
——星《ほし》伝《でん》説《せつ》と乞《き》巧《こう》奠《でん》

七月七日

旧暦の夜に見られる中国の星伝説

七夕行事が生まれるもととなったのは、中国の星伝説。これは、天帝の娘・織女《しょくじょ》と羊飼いの牽牛《けんぎゅう》の物語です。

川辺で機織《はたお》りをしていた織女は、牽牛と結婚すると、お互いに夢中になり仕事を怠けるようになってしまいます。怒った天帝は、ふたりを天の川の東西に引き裂き、一年に一度、七夕の日にだけ会うことを許したのです。

実はこの伝説は、旧暦の夜に空で見ることができます。織女星（ベガ）と牽牛星（アルタイル）は、天の川を挟んで向き合います。旧暦七月七日には、天の川は南北に走ります。そこで月が南の天の川の線上にかかると、月の明るさで天の川が消え、二星が会えるというわけです。
乞巧奠《きこうでん》は、手先が器用な織女にあやかり、夫婦の再会が叶う日に供え物をし、裁縫や書道の上達を願う中国の行事です。日本にも、里芋の葉に溜まった朝露で墨をすり、短冊に詩歌を書いて書道の上達を願う習わしがあります。

Memo

七夕伝説と夏の大三角形

この時期、東を向いて見上げたとき、いちばん明るく輝いている星が、こと座のベガ（織女星）。ベガから右下の方向にあるのが、わし座のアルタイル（牽牛星）。ベガから左下の方向に、はくちょう座のデネブ。この3つの星を結んだ三角形を「夏の大三角形」といいます。

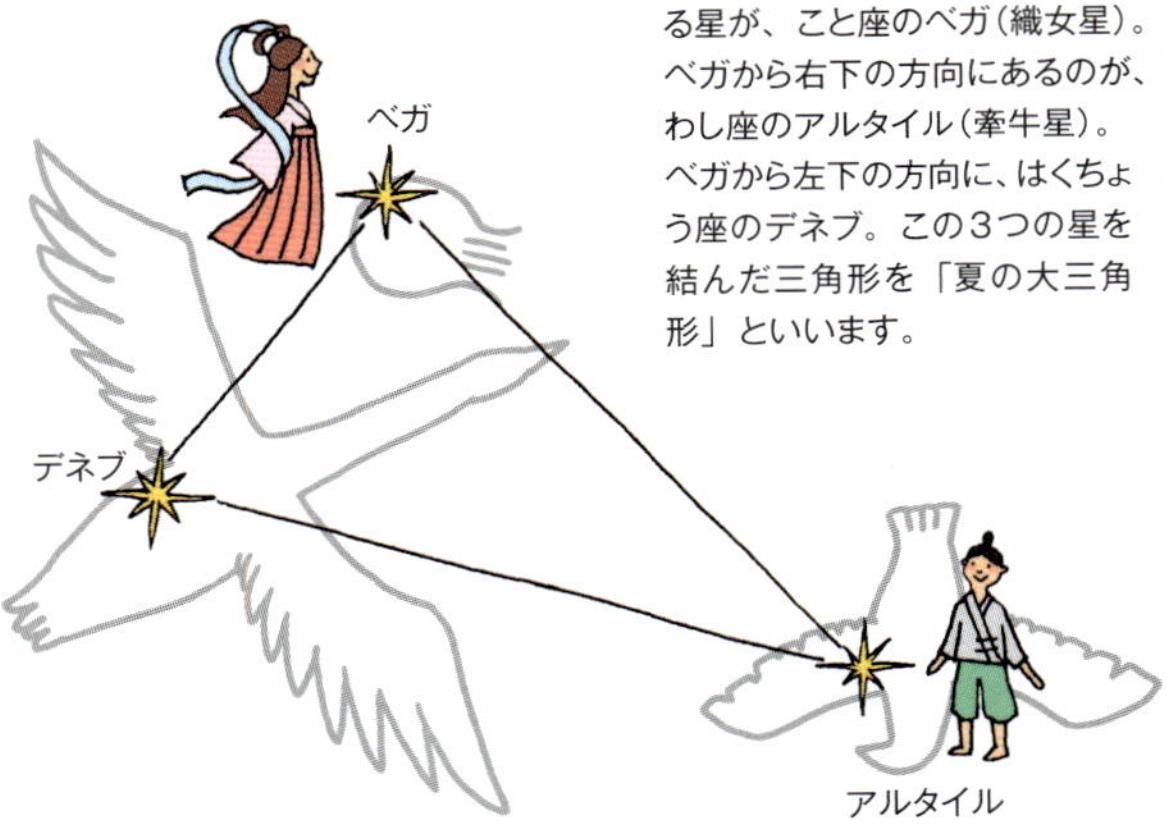

七夕祭りに関する風習

【短冊《たんざく》に願い事】

願い事を書いた５色の短冊を笹竹に飾ります。これは中国の乞巧奠《きこうでん》に由来し、江戸時代に武家の間で行われるようになりました。短冊の５色とは、中国の陰陽《いんよう》五《ご》行説《ぎょうせつ》に基づいた青・赤・黄・白・黒です。

Memo

陰陽《いんよう》五《ご》行説《ぎょうせつ》

「陰陽説」は、宇宙のあらゆる事物を「陰・陽」に分類する思想。一方、万物は「木・火・土・金・水」の５種類の元素から成り立つとしたのが「五行説」で、このふたつが組み合わさったのが「陰陽五行説」。五行の「木」は樹木などの成長、「火」は火のような灼熱、「土」は万物の育成と保護、「金」は金属のように堅固で冷徹な性質、「水」は命の源などを表わしています。この五行は、色や方角などあらゆる物事に配当されます。

五行	木	火	土	金	水
五色	青	赤	黄	白	黒
五節句	人日	上巳	端午	七夕	重陽

【七夕送《たなばたおく》りと禊《みそぎ》】

七夕の翌日、笹竹を海や川に流す風習を七夕送りといいます。これが日本古来の禊の風習と結びつき、七夕の日には、女性が洗髪したり、子どもを水浴びさせたり、井戸の掃除が行われるなど、水で清める風習がありました。

【七夕馬《たなばたうま》】

七夕の日、藁《わら》や真菰《まこも》の葉で、牛や馬の形を作る地域があり、これを七夕馬や真菰の馬などといいます。また、子どもがこの馬を引いて早朝に草刈りに行き、帰ったらその馬を箕《み》の中に置き、赤飯を供えてまつる地域もあります。これは草刈馬《くさかりうま》と呼ばれます。

Let's try

折り紙で七夕飾りを作ろう

【吹き流し】

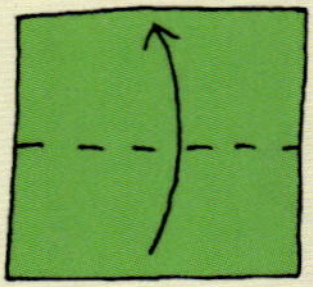

半分に折っていき、幅1cmくらいの折りすじをつける。折りすじに沿って切り込みを入れ、丸めてのりで接着する。

【ちょうちん】

半分に折り、図のように幅1cmくらいの切り込みをいれる。広げて丸め、のりで接着する。

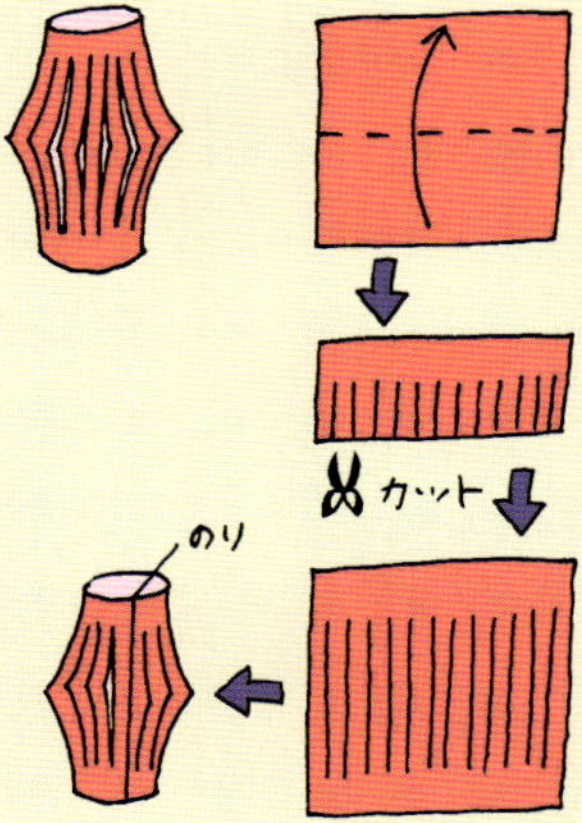

【あみかざり】

半分に折り、もう一度、半分に折る。図のように、左右交互に切り込みを入れていき、開く。

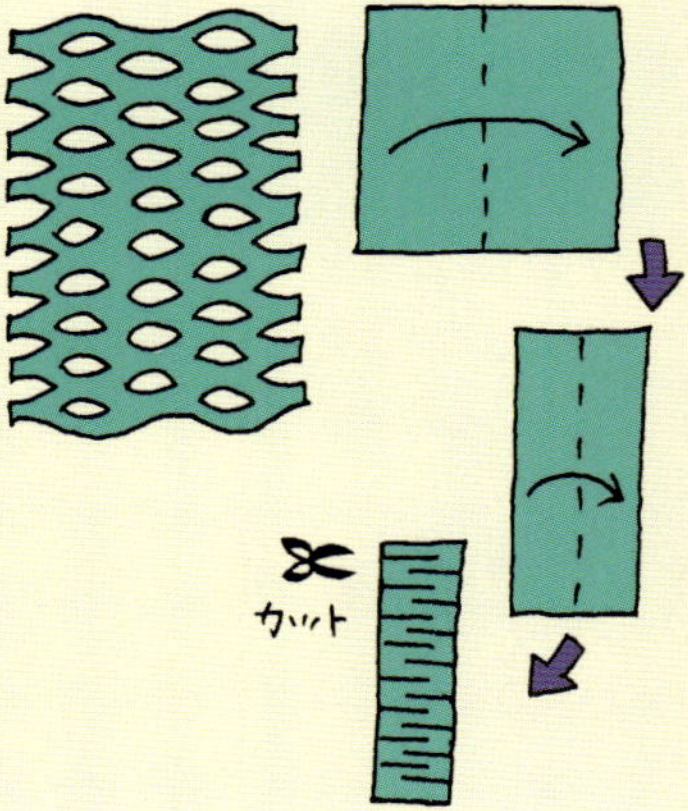

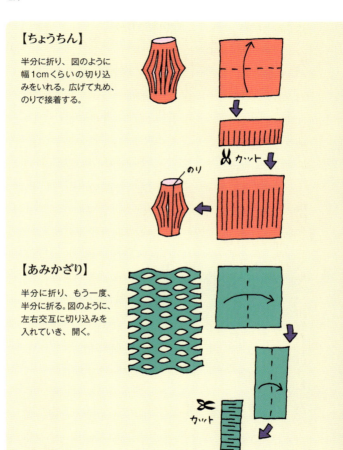

四万六千日《しまんろくせんにち》

七月十日

四万六千日分の功徳《くどく》がある縁日

四万六千日は、特定の縁日に参詣すると多くの功徳が得られる「功徳日《くどくび》」のひとつです。この日にお参りすると、一日で四万六千日分、つまり百二十六年分お参りをしたのと同じ功徳を得られるといわれます。一般には、七月十日の観音菩薩の縁日をさします。

全国的に有名な四万六千日が東京の浅草寺《せんそうじ》で、この日の観音堂の境内には、江戸時代から続く「ほおずき市」が立ち、大勢の参詣人でにぎわいます。ほおずきは夏負けの厄除けになるとされ、江戸時代には鎮静剤などの薬としても使われていました。浴衣姿の人がほおずきを選びながら境内をそぞろ歩く、初夏らしいさわやかな光景が見られます。

関西では、月遅れの八月九日、十日が観音様の縁日となります。千日詣といわれ、千日分の功徳が得られるものです。京都の清水寺《きよみずでら》、大阪の四天王寺《してんのうじ》がよく知られています。

四万六千日の縁日

7月9･10日、浅草の浅草寺では境内にほおずきを売るお店がずらりと並び、夏の風物詩になっています。ほおずきは、赤い実をもんで種を抜き、口に含んで鳴らして遊んだり、子どもの腹痛などの薬に用いられました。

お中《ちゅう》元《げん》

七月十五日

古くは先祖への供え物を贈る習わし

夏のお中元は、年末のお歳暮と同じく、日ごろお世話になっている方に感謝の気持ちを込めて贈るものです。お中元の語はすっかり日本文化になじんでいますが、「中元」の由来は、多くの習わしと同じように、中国にあります。

中国では、道教《どうきょう》に由来する一月十五日の「上元《じょうげん》」、七月十五日の「中元」、十月十五日の「下元《かげん》」の三元の日に、神様に供え物をして祝う習慣がありました。これが日本に伝わり、中元はお盆の時期と重なることから、先祖への供養の意味も込めて、恩師や親せき、知人などに品物を贈る習慣が生まれたのです。

お中元を贈る時期は、七月のはじめから十五日ごろまでが一般的です。この時期を過ぎたら「暑中御見舞」、立秋（八月七日ごろ）を過ぎたら「残暑御見舞」として贈ります。

先祖への供え物という意味から、古くは、中元には素麺《そうめん》やうどんなどの麺類、小麦粉、米、お菓子、果物などを、新盆《にいぼん》の家には提灯《ちょうちん》や線香を贈るのがしきたりでした。今でも素麺やうどんはお中元の品として定番ですが、最近ではお盆の供え物という意味が薄れ、産地直送の品なども人気のようです。相手の家族構成や好みを考えたうえで、喜ばれる品を選んで贈るようにしましょう。

Memo

贈答の習わし

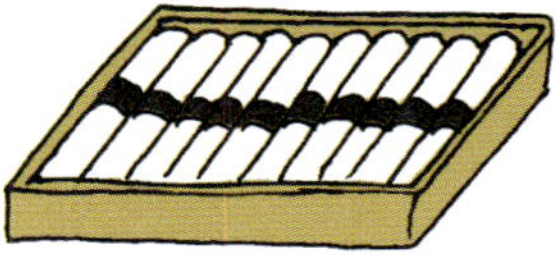

中元とお盆が組み合わさり、日本独特の行事となったお中元。かつては、親類や知人を訪問し合い、互いにお供え物を中心とした贈答をし合ったといいわれています。

お中元の作法

【贈る時期と表書き】

お盆を、月遅れの8月に行う地域では、お中元も8月15日までに贈るのが通例になっているところもあります。

7月1日〜15日
・御中元
・中元御伺

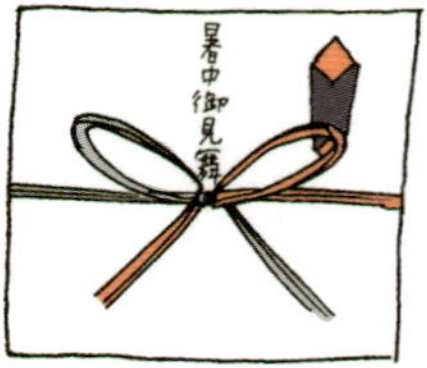

お中元後〜立秋まで
・暑中御見舞
・暑中御伺

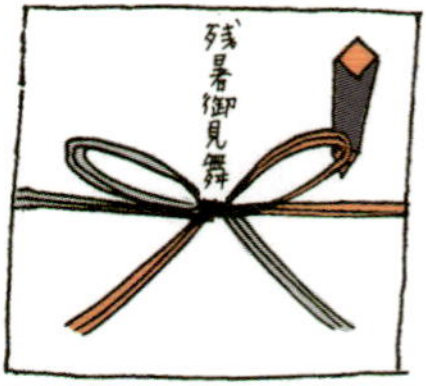

立秋を過ぎたら
・残暑御見舞
・残暑御伺

【お歳暮を優先】

お中元とお歳暮、どちらか一方を贈りたい場合にはお中元ではなく、お歳暮を優先しましょう。暮れのあいさつとして贈るのがマナー。

【品物】

贈る品物は相手の嗜好に合わせて選びましょう。好みがわからないときは、家族構成や年齢を手がかりにして考えるとよいでしょう。

【配送】

最近では、百貨店などから配送するのが主流になっていますが、送りっぱなしは失礼。品物とは別にあいさつ状を送るのがマナーです。

【お礼】

お中元やお歳暮には、基本的にお返しは必要ありません。受け取ったらすぐにお礼状を書きましょう。親しい間柄なら電話やメールでもOK。

暑《しょ》中《ちゅう》見《み》舞《ま》い

七月七日ごろ〜立秋前日

大暑《たいしょ》から立秋までに出すのが一般的

夏の暑い盛りに、相手の安否を気づかって送る季節の便りが暑中見舞いです。本来は、お中元の品などを携えて直接あいさつにうかがうのが正式な作法ですが、今は近況報告を添えたあいさつ状を郵送するのが一般的です。

暑い盛りといいながら、「暑中お見舞い申し上げます」の書き出しで始められるのは、八月七日ごろの立秋まで。それを過ぎると「残暑見舞い」となります。

なぜなら暑中見舞いを出す時期は、二十四節気《にじゅうしせっき》(62ページ参照)の「小暑《しょうしょ》」(七月七日ごろ)から、「大暑」(七月二十二日ごろ)を挟み、「立秋」(八月七日ごろ)までとされているからです。ただし、小暑のころはまだ梅雨の最中なので、暑中見舞いは実感に即さないでしょう。そのため、大暑から立秋の前日までに出すのがよいようです。

一般的な感覚では八月が夏本番ですが、暦のうえでは立秋を過ぎれば秋となり、残暑見舞いになるのです。

Memo

贈答の習わし

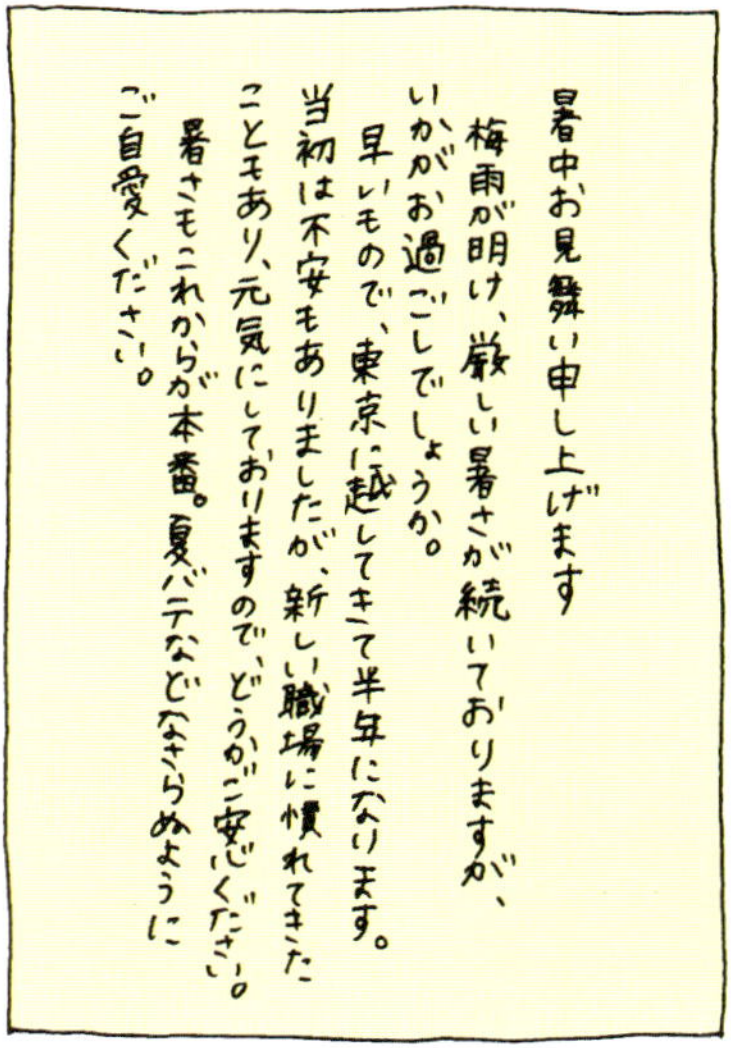
暑中お見舞い申し上げます
梅雨が明け、厳しい暑さが続いておりますが、
いかがお過ごしでしょうか。
早いもので、東京に越してきて半年になります。
当初は不安もありましたが、新しい職場に慣れてきた
こともあり、元気にしておりますので、どうかご安心ください。
暑さもこれからが本番。夏バテなどなさらぬように
ご自愛ください。

相手の健康状態をたずね、こちらの近況を知らせます。親しい相手となら絵はがきなどで気軽にやりとりしましょう。

夏《なつ》祭《まつ》り

七月〜八月

悪霊を鎮める都市の祭り

夏も盛りの暑さをものともせず、七月から八月の間に各地で行われるのが夏祭りです。なかでも有名なのが、京都八坂《やさか》神社の祇園祭《ぎおんまつり》。日本三大祭りにも数えられる、七月一日からほぼ一か月の間続く盛大な夏祭りです。

春祭りや秋祭りが農事に直結した農村の祭りであるのに対し、夏祭りは都市型の祭りといえます。夏は農村でも虫害や風水害が頻発しますが、人口が多い都でも、疫病などが流行する危険な季節でした。そうした人に害をなす悪霊を鎮めるために行われるのが夏祭りです。そのため、夏祭りでは水によって穢《けが》れを清める行事が多く行われます。

京都の祇園祭は、平安時代前期に疫病がはやり、その退散を願って行った御霊会《ごりょうえ》にはじまります。祭りの最大の見所は、十七日に行われる山鉾《やまほこ》巡行。「山」や「鉾」と呼ばれる山車《だし》が市街地を練り歩くさまは壮観です。

祇園祭

京都の八坂神社の絢爛豪華《けんらんごうか》な祭りで、日本の各地の祭りに大きな影響を与えました。「京都三大祭り（ほかは葵祭《あおいまつり》、時代祭）」のひとつで、飛騨の高山祭《たかやままつり》、秩父の夜祭《よまつ》りと並んで「日本三大曳山祭《ひきやままつ》り」のひとつにも数えられています。

土《ど》用《よう》の丑《うし》の日《ひ》

七月二十日ごろ

うなぎを食べて夏バテを解消

土用の丑の日は、うなぎを食べる日として有名です。夏ばかりが注目されますが、土用は実は年に四回あり、立春、立夏、立秋、立冬の前日までの十八日間が土用となります。

土用とは、宇宙のすべては木、火、土、金、水からなるという中国の五行説に由来する語で、春は木、夏は火、秋は金、冬は水が支配する季節とされ、残った土を、それぞれの季節の終わりにあてたものです。土用の時期は季節の変わり目にあたり、次の季節への準備期間となります。

夏の土用の期間はもっとも暑い時期なので、夏バテ対策に精のつくものを食べる習慣があります。その代表が、丑の日に食べるうなぎです。

この習慣の仕掛け人は、蘭学者にして江戸の異才、平《ひら》賀《が》源内《げんない》といわれています。うなぎ屋から商売繁盛のための宣伝を頼まれた源内は、土用の丑の日には〈う〉のつく食べ物を食べるとよいという伝承から、うなぎ屋に知恵をつけ、「本日土用丑の日」という看板を掲げさせました。するとこれが大当たりし、店は大繁盛したといわれています。

また土用の時期には、梅を干したり、衣類や書物を風に通して虫干しする「土用干し」の習慣があります。

Memo

年に４度の土用

※日付は目安です。

土用にちなんだ食べ物

【土用《どよう》うなぎ】

万葉の昔から、うなぎは夏バテに効くといわれていますが、「土用の丑の日」に食べるのが盛んになったのは江戸時代から。言い出したのは、平賀源内といわれていますが、東京・神田和泉橋通りのうなぎ屋、春木屋前兵衛《はるきやぜんべい》という説もあります。

【土用餅《どようもち》】

夏の土用につく餅のことをいいます。夏バテを防ぐといい、おもに関西や北陸地方では、あんころ餅などにして食べられています。

【土用蜆《どようしじみ》】

「土用蜆は腹の薬」といって、昔から蜆の味噌汁が食卓に並びます。

【「う」のつく物】

梅干し、うどん、瓜など、「う」のつく食べ物を食べると元気になるという俗信があります。

土用干し

土用の晴天の日に、衣類や書籍、書画などを陰干しにして風にあて、カビや虫などを防ぎます。これを土用干しといいます。

花《はな》火《び》大《たい》会《かい》

七月〜八月

慰霊の献上花火から生まれた花火大会

夜空を彩る大輪の花火は、今も昔も夏の風物詩。例年七月下旬に開かれる東京・隅田川花火大会は、もっとも歴史のある花火大会で、今から三百年ほど前にはじまりました。

花火は軍事用の狼煙《のろし》として中国で生まれ、ヨーロッパを経由して一六〇〇年ごろに日本に伝えられました。日本で初めて花火が打ち上げられたのは慶長十八年（一六一三）、江戸城でのことで、徳川家康もこれを見物したそうです。

江戸庶民も花火を楽しむようになったのは、そのほぼ百年後。享保十八年（一七三三）、隅田川の川開きの際、前年の飢饉と疫病による死者の慰霊と悪霊退散祈願のため水神祭が開かれ、そこで打ち上げられた献上花火がはじまりといわれています。以来、川開きの際に花火大会が開催されることになり、お祭り好きの庶民に愛される行事となりました。花火観賞といえば「玉屋～」「鍵屋～」のかけ声ですが、玉屋は両国の花火製造者で、鍵屋はその分家だとか。

代表的な打ち上げ花火

花火の種類には、菊のように球形に開く「割物《わりもの》」と、花火玉が上空で2つに開き、中から星などが出る「ポカ物」があります。菊をはじめとした日本の割物花火は、世界でもっとも精巧な花火といわれています。

菊

滝（仕掛け花火）

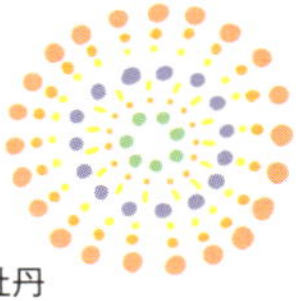
牡丹

スターマイン
（連発仕掛け）

柳

八月暦　葉月《はづき》

お盆《ぼん》

八（七）月
十三～十六日

ご先祖様を迎え供養する行事

お盆は、正式には「盂蘭盆会《うらぼんえ》」「精霊会《しょうりょうえ》」といい、先祖の霊をわが家に迎え、供養する行事が行われます。

お盆の由来は、釈迦《しゃか》の弟子・目連《もくれん》が地獄で苦しんでいる母親を救おうと釈迦に相談し、「七月十五日に供養をしなさい」といわれたという仏教の説話にあります。一方、それとは別に盂蘭盆は、死者の霊魂を意味する「ウラヴァン」に由来するという説もあります。盆は、文字通り、死者へ供える供物を容れる盆の意味もありました。

お盆のしきたりは、各地によってさまざまなものがあります。一般的には、十三日の朝、盆花《ぼんばな》やお供えを供える盆棚《ぼんだな》を設け、その夕方に迎え火を焚いて先祖の霊を迎えます。十四日か十五日には僧侶を招いてお経をあげてもらいます。そして十五日か十六日に、送り火を焚いて先祖の霊を送ります。送り火の代わりに、盆棚の飾り物やお供えを舟に乗せて川や海に流す「精霊流《しょうりょうなが》し」を行う地域もあります。

Memo

お盆の正式な時期は7月？ 8月？

旧暦の7月に行われていたお盆ですが、新暦に変わって1か月あまり時期が早まってしまいました。農村では農作業が忙しい時期でゆっくり供養もできないからと、旧暦の7月15日に近い8月にお盆を行うようになったといいます。現在、7月と8月のどちらにお盆行事をするかは、地域差があるようです。

新盆《にいぼん》のしきたり

新盆は家族が亡くなってはじめての盆のことをいいます。多くの地域で、新盆には提灯《ちょうちん》や灯籠《とうろう》を掲げます。

お盆行事の流れの一例

13日朝

【盆棚《ぼんだな》を飾る】

盆棚は仏様をお迎えして供養する祭壇。仏壇の前に小机を置いて、その上に位牌、香炉などを並べます。仏様の乗り物である、なすの牛ときゅうりの馬を作って供え、線香と燈明を灯し、野菜や果物、水などを供えます。

13日夕方

【迎《むか》え火《び》を焚く】

仏様が迷わないよう、門や玄関の前でおがら(皮をはいだ麻の茎)を燃やし、迎え火を焚きます。このあと、盆棚に食事を供えます。

14～15日

【お供えをする】

朝、昼、夕と食事を作り、そのつど、水とともに盆棚にお供えします。またこの期間に僧侶を招いてお経をあげてもらいます。

16日

【送《おく》り火《び》を焚き精霊流《しょうりょうなが》し】

迎え火と同じ場所でおがらを焼いて送り火にします。その後、お供えや盆棚の飾り物、灯籠を小さな舟形にのせて、川や海に流す「精霊流し」や「灯籠流《とうろうなが》し」を行う地域もあります。

お盆のお供え物

【盆花《ぼんばな》】

昔は、13日に早朝から山へ出かけ、盆棚に供えるための盆花を採ってきました。これを盆花迎えなどと呼びます。

桔梗（ききょう）

萩（はぎ）

女郎花（おみなえし）

Memo

盆行事に必要な品を売る「草市」

盆行事のための品々を売る市を「草市」と呼び、お供え物の野菜やくだものが盛られたかご、盆棚に敷く真菰《まこも》のむしろ、蓮の葉、おがら、なすときゅうりの牛馬などが並びます。東京では月島の草市が有名です（7月上旬ころ）。

山ゆり（やまゆり）

樒（しきみ）

ほおずき

撫子（なでしこ）

【季節の野菜や果物】

すいかやトマトにみょうが、いんげんなど季節の野菜を供えます。これとは別に、きゅうりとなすをさいの目に切り、蓮の葉に盛ったものを供えることも多いようです。

すいか

トマト

さといも

いんげん

みょうが

ピーマン

【なすの牛・きゅうりの馬】

なすやきゅうりにおがらで脚をつけ、牛や馬の形にします。この牛馬の背中に、鞍に見立てて麺類をのせる地域もあるようです。精霊は、この牛馬に乗って家に戻ってきて、帰りもこれに乗っていくといいます。そのためお盆がすんだら、この牛や馬は川へ流していました。

盆《ぼん》踊《おど》り

八月十五日ごろ

楽しく踊ってご先祖様に感謝を伝える

お盆のころに行われる盆踊りは、地域によってさまざまな特色があります。神社の境内などにやぐらを組んで輪になって踊る「輪踊り」がよく見られますが、徳島県の阿波《あわ》踊《おど》りのように、列を組んで練り歩いて踊る行列形式の踊りもあります。地域の親睦を深め、夏の夜を楽しく過ごす盆踊りには、古くは先祖の霊を慰め、彼岸へ送るための目的がありました。楽しく踊ることで、先祖に今生きていることへの感謝を表し、自らの災厄を祓う目的もあるようです。

甘茶に関する言い伝え

【阿《あ》波《わ》踊《おど》り（徳島県）】

天正15年（1587）、徳島城が落成した際、その祝賀行事として城下の人々が踊ったのがはじまりといわれています。テンポの速い二拍子で、日本では珍しいタイプの踊りです。

【郡《ぐ》上《じょう》踊《おど》り（岐阜県）】

江戸時代、士農工商の融和を図るために奨励されたという郡上踊り。7月中旬から32夜にわたって市内各所で繰り広げられます。

【遠州大念仏《えんしゅうだいねんぶつ》（静岡県）】

新盆《にいぼん》の家をまわり、太鼓や鐘の音にあわせて念仏踊りを披露。三方ヶ原《みかたがはら》の戦いなどで犠牲になった人を弔うためにはじまったといわれます。

五《ご》山《ざん》送《おく》り火《び》

八月十六日

送り火を眺め悪鬼退散を願う

京都のお盆の最大の見所といえば、「大文字《だいもんじ》焼《や》き」の名で全国に知られる五山送り火です。これはお盆の最後の日に、地域共同で祖先の霊を送る壮大な送り火です。

その起源は古く、室町時代から続くといわれます。発祥は諸説ありますが、弘法大師《こうぼうだいし》空海《くうかい》が、疫病退散を願い如《にょ》意《い》ヶ《が》嶽《たけ》山腹に「大」の形に護摩壇《ごまだん》を設けて行をしたことに由来するといわれます。送り火の炎上時間は約三十分。その間は、送り火を眺めて悪鬼退散を願うのが習わしです。

Memo

送り火の言い伝え

古くは、燃え残りの消炭を粉末状に砕いて服用し、病封じにする習慣がありました。現在も家庭の魔除け、厄除けとして利用されています。

【大文字《だいもんじ》】

東山の如意ヶ嶽にて20時点火。「大」 の字の第１画目の長さは80m、2画目 160m、3画目120m。

【妙法《みょうほう》】

「妙」 は松ヶ崎西山にて、「法」 は松ヶ崎東山にて、 20時05分点火。

【船形《ふながた》】

船形万燈籠《ふながたまんとうろう》は、 西加茂、 明見《みょうけん》山（通称船山）にて 20時10分に点火。

【左大文字《ひだりだいもんじ》】

船形と同時に、 大北山にて 20時15分に点火。

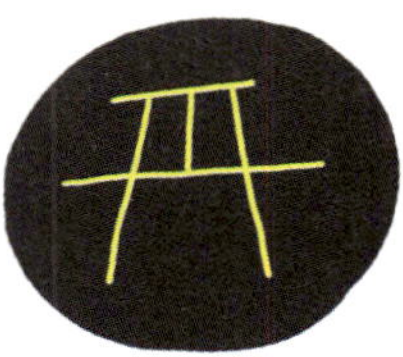

【鳥居形《とりいがた》】

最後に、 北嵯峨の水尾山（曼荼羅《まんだら》山）にて 20時20分点火。

八朔《はっさく》

九月一日ごろ

感謝を伝える「田《た》の実《み》の節句」

八朔とは、八月朔日《さくじつ》のこと。朔日とは新月の日のことで、旧暦では毎月一日となります。旧暦で八月一日というと、今の暦では九月の半ばごろで、ちょうど夏が終わり秋へと向かう時期です。この日は「田の実の節句」と呼ばれ、農村では秋の収穫を前に豊作祈願が行われました。田の神様に供え物をし、豊かな実りを願ったのです。

また「田の実」が「頼み」に通じることから、日ごろよく頼み事をする人に贈り物をして、相手との結びつきを強める習わしもあります。この風習は町家のほうに広まり、武家社会では、主従関係の結束を高めるために「八朔の祝い」の名で盛んに贈答がされるようになりました。

京都の祇園では、舞妓・芸妓が、踊りや笛太鼓などの師匠や茶屋にあいさつにまわるしきたりがあります。この伝統は今も守られ、この日の午前は、祇園の町を行き来する舞妓・芸妓さんたちの姿があちらこちらで見られます。

八朔に行われていること

【八朔祭《はっさくまつ》り】

現在も新暦の9月1日ごろ、各地でさまざまな祭りが催されます。農村における、豊作祈願の祭りを起源としているため、祭りの形態は地域によってさまざま。山梨県都留市の八朔祭は、大名行列で有名。

【祇園《ぎおん》のしきたり】

新暦の8月1日、祇園では八朔のあいさつまわりをするのがしきたりで、京都の夏の風物詩になっています。師匠や世話になっている茶屋へ出かける芸妓や舞妓を見ようと、多くの人がつめかけます。

二《に》百《ひゃく》十《とお》日《か》

九月一日ごろ

台風を警戒し農作物の無事を願う

夏の終わりに日本を直撃する台風は、今も昔も警戒が必要な天災です。甚大な被害をもたらす台風上陸の時期を、先人たちは経験則で編み出していました。それが立春から数えて二百十日目(現在の暦で九月一日~二日ごろ)の「二百十日」で、この日を災害にみまわれやすい厄日として警戒したのです。また、二百十日の十日後も

Memo

9月1日は防災の日でもある

大正12年（1923）9月1日の関東大震災にちなんで制定された「防災の日」。9月1日は二百十日のころでもあり、「災害への備えを怠らないように」という意味も含まれています。

「二百二十日《にひゃくはつか》」といわれ、台風被害に備える日とされています。

二百十日は稲の開花期に、二百二十日は晩稲の開花期にあたるため、農家にとっては重要な時期です。そこで、二百十日が近づくと、台風から農作物が守られるように祈願する「風祭り」が各地で行われます。

風祭りは村をあげて行われるところが多く、その日は仕事を休んで村の鎮守《ちんじゅ》に人々が集い、酒を酌み交わして歌を歌い、農作物の安全を祈ります。

有名な「おわら風《かぜ》の盆《ぼん》」

富山市の八尾町《やつおまち》で9月1～3日に行われる行事。お盆の祖霊を祭る行事と、風害を防いで豊作を祈願する風祭りとが習合したと考えられています。民謡「越中《えっちゅう》おわら節《ぶし》」に合わせ、夜を徹して踊り続けます。

重《ちょう》陽《よう》の節《せっ》句《く》

九月九日

おめでたい日を菊の花で祝う

五節句《ごせっく》の最後となるのが「重陽の節句」。重陽とは中国から伝来した語で、おめでたい数とされる陽数(奇数)のうち、最大数の九が重なることから、とても縁起のよい日とされています。中国では、この日に菊酒を酌み交わし、お互いの長寿と無病息災を願う習わしがありました。菊は仙人の住むところに咲くといわれ、長生きの効用があると伝えられます。この風習が日本に伝わり、奈良時代には「菊花の宴《うたげ》」が催されました。それが定着し、平安時代には、菊酒と氷魚《ひお》が振るまわれ、豪勢なおみやげが配られる宮中行事となりました。

民間では、この日を「お九日《くにち》」「おくんち」といって、秋の収穫祭と習合して祝われるようになりました。今も、長崎、唐津、博多などで、にぎやかな祭りが行われています。また重陽の節句は「菊の節句」といわれ、各地で菊を競う「菊祭り」が行われ、「菊人形」などが作られます。

今も行われる重陽の行事

【おくんち】

宮中行事の「重陽の節句」に対し、庶民の間では収穫祭として「おくんち」が行われるようになりました。九州地方で特に盛んで、「長崎くんち」や「唐津くんち」が有名です。

【菊祭りと菊人形展】

重陽の節句にお祝いをする習慣は、今ではほとんど見られません。しかし、江戸時代にはじまった菊の咲かせ方を競う行事は、「菊まつり」や「菊人形展」として今に引き継がれています。

長寿を願う重陽の節句の習わし

【菊酒《きくざけ》】

菊の花びらを杯に浮かべて飲むと、災厄を祓うといわれ、重陽の節句に欠かせないお酒です。

【温《あたた》め酒《ざけ》】

重陽の日、温かいお酒を飲むと病気にならないという俗説も。

【菊《きく》の被《き》せ綿《わた》】

重陽の日の前夜、菊の花に綿を被せて夜露、朝露を受けさせ、その綿で体を拭いて長寿を願ったといいます。

【菊枕《きくまくら》】

重陽の日に菊の花を摘んで乾燥させ、それを枕につめたといいます。邪気を祓い、頭と目をよくするといわれました。

Memo

菊は伝統的なエディブルフラワー

エディブルフラワーという言葉をよく見聞きしますが、これは「食べられる花」のこと。なんとなく西洋の花を思い浮かべてしまいますが、「菊」こそ、日本のエディブルフラワーの代表格。現在、数多くの食用菊が栽培されています。

Memo

十日の菊のことわざ

古来中国では、重陽の日の翌日を「小重陽」として祝ったといいます。日本では、9月10日の菊を「十日の菊」といい、5月5日に使う端午の節句の菖蒲とあわせて「六日の菖蒲、十日の菊」といって、間に合わなかったことのたとえに使っています。

Let's try

栗ごはんを作ろう!

[材料]

[作り方]

1 栗は鬼皮と渋皮をむき、水にひと晩つけてアクを抜き、半分または4つに切る。むき栗の場合はよく洗って、切る。

2 米をといでざるにあげ、水気をきって炊飯器に入れ、分量の水を入れる。栗、塩、酒、昆布を加えてひと混ぜし、普通に炊く。

十《じゅう》五《ご》夜《や》

九月十五日ごろ

秋の収穫を供えて名月を愛でる

旧暦八月十五日の月を「中秋《ちゅうしゅう》の名月《めいげつ》」といい、この日は満月を観賞する十五夜の祭りが行われます。中秋というのは、八月が旧暦の秋(七、八、九月)の真ん中にあるため。この日の月は一年でもっとも美しいといわれ、澄み切った秋の空とさわやかな気候は、戸外で月を観賞するのに恰好の環境でもあります。

十五夜の月を愛でる風習は中国から伝わったもので、日本でも、奈良・平安時代の宮中から「月見の宴」が華やかに催されました。庶民の間では、月に秋の収穫物を供え、五穀豊穣《ごこくほうじょう》に感謝する十五夜祭りが定着していきました。

月見のお供えは、ススキをはじめとする秋の七草、月見団子や芋、豆、栗、柿などの秋の収穫物が基本です。供える団子の作り方は地域によって異なりますが、お供えする数も、十五夜だから十五個、一年の月の数に合わせて十二個などとさまざまです。

また、秋といえばお芋のおいしい季節。とくに里芋は、一株で際限なく増えることから子孫繁栄を表す縁起物とされ、関東では蒸してそのまま食べる「衣かつぎ」に、関西では「煮っころがし」や「みそ煮」にしてお供えします。こうした秋の収穫に感謝の意を込め、十五夜の月を「芋名月」ということもあります。

Memo

月の形とその名称

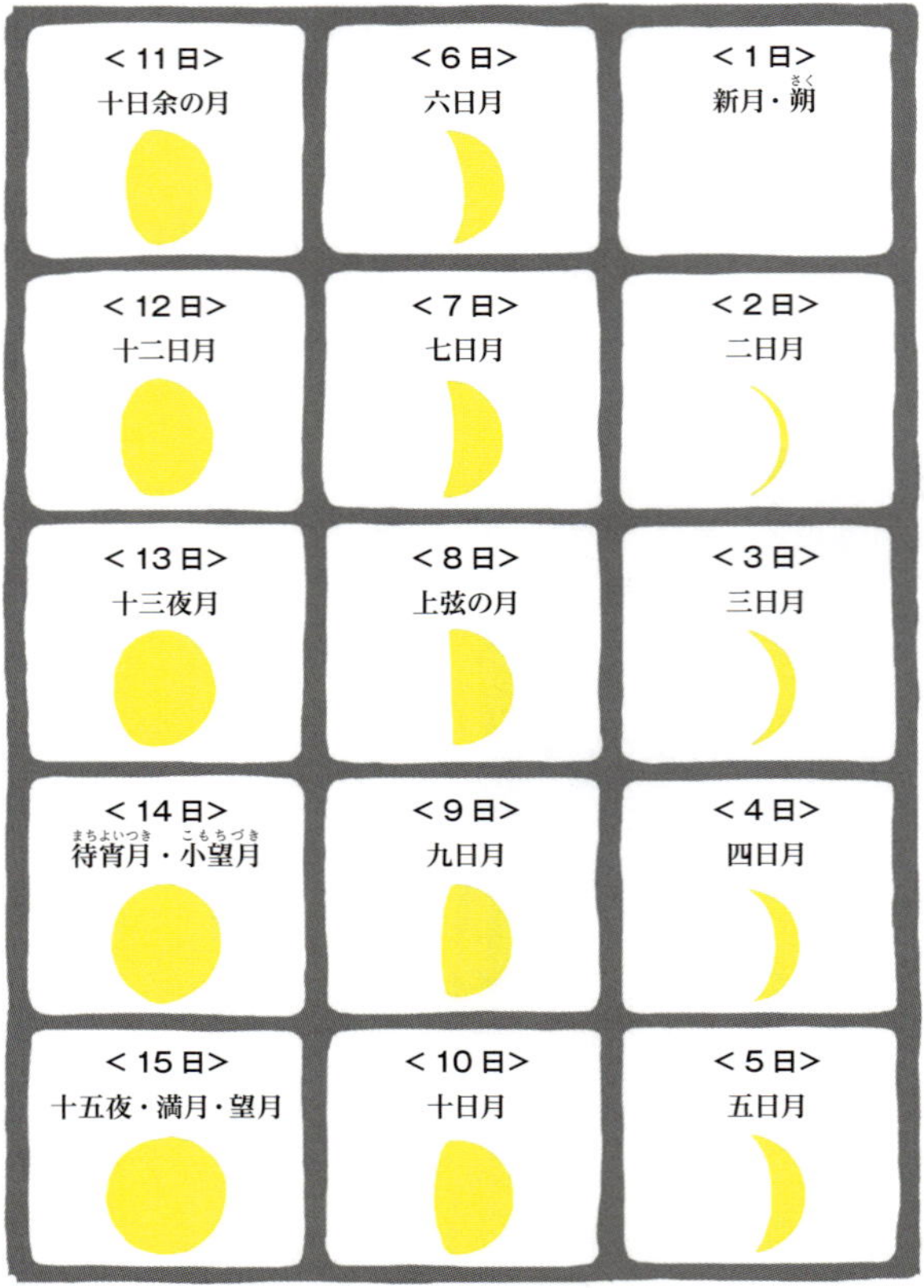

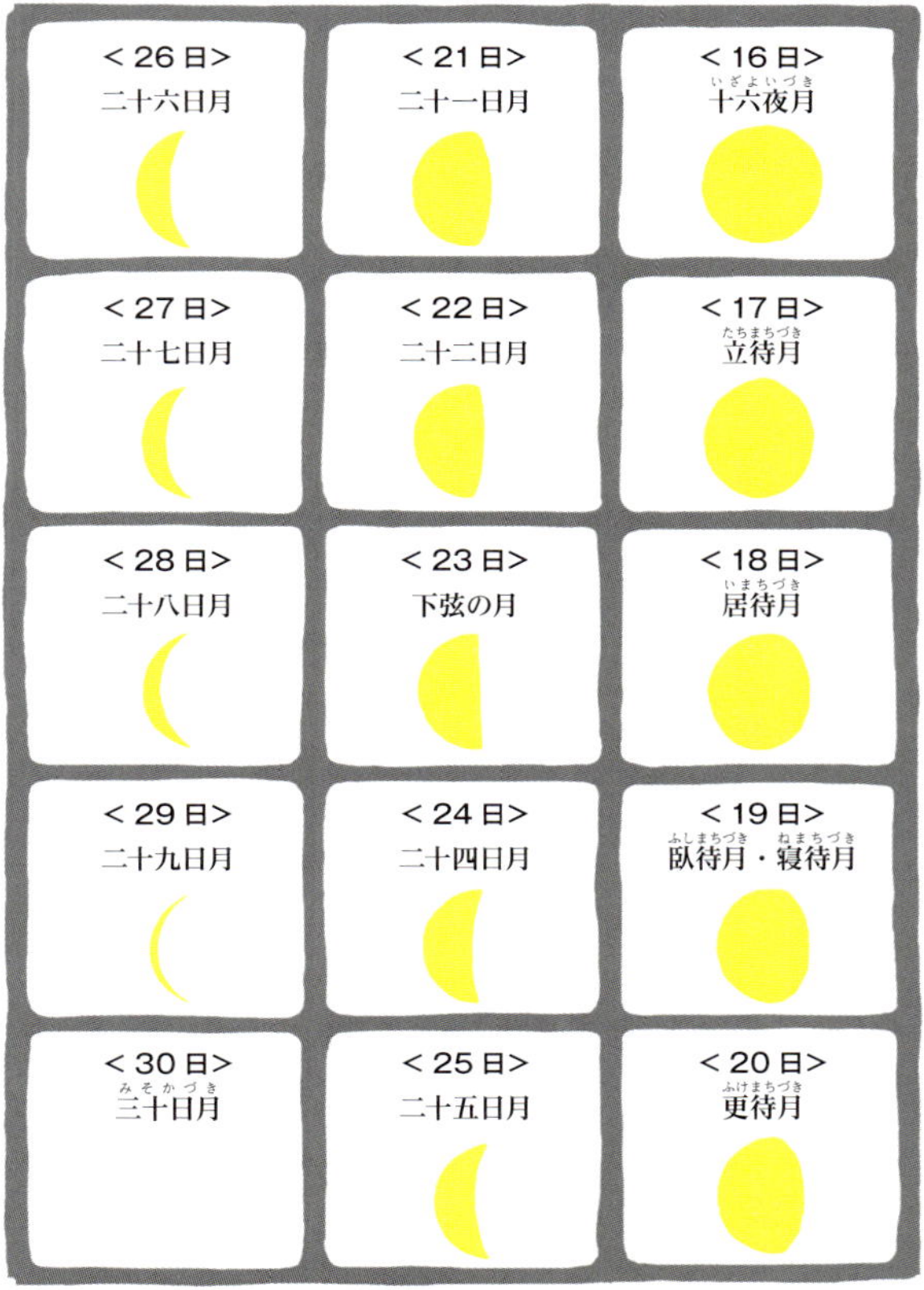
< 16 日>
十六夜月《いざよいづき》
< 17 日>
立待月《たちまちづき》
< 18 日>
居待月《いまちづき》
< 19 日>
臥待月《ふしまちづき》・寝待月《ねまちづき》
< 20 日>
更待月《ふけまちづき》
< 21 日>
二十一日月
< 22 日>
二十二日月
< 23 日>
下弦の月
< 24 日>
二十四日月
< 25 日>
二十五日月
< 26 日>
二十六日月
< 27 日>
二十七日月
< 28 日>
二十八日月
< 29 日>
二十九日月
< 30 日>
三十日月《みそかづき》

秋の七草

【萩《はぎ》】

マメ科ハギ属の総称。ヤマハギやミヤギノハギなど数種類ありますが、どれも可憐な姿をしています。

【尾花《おばな》】

ススキのこと。花穂の姿から尾花とも呼ばれます。日当たりのよい場所でよく見られるイネ科の多年草。

【葛《くず》】

マメ科のクズ属。大形のつる状草本。根には大量のでんぷんを含んでいて、くず粉がとれます。

【撫子《なでしこ》】

カワラナデシコをさします。その名の通り、河原によく成育しています。花弁が深く裂けているのが特徴。

【女郎花《おみなえし》】

日当たりのよい草原などによく生える多年草。オミナエシ科。黄色の小さい花を散房状につけます。

【藤袴《ふじばかま》】

川岸の土手などに生えるキク科の多年草。中国原産で奈良時代に渡来。乾燥すると香気があります。

【朝顔《あさがお》】

秋の七草の「朝顔」は、桔梗(キキョウ)のことだといわれます。紫の鐘型の花が清楚で美しい。

Let's try

カンタン月見団子風きな粉団子を作ろう!

[材料]
団子粉、水、きな粉、砂糖
[作り方]
①ボウルに団子粉を入れ、水を少しずつ加えながら、耳たぶ程度のやわらかさになるまで手でこね、丸める。
②沸騰した湯に①を入れ、浮き上がってから弱火で5分程度ゆでる。ゆであがったら、水にとり冷やす。
③きな粉に砂糖を加え、好みの甘さに調え、②にまぶす。

敬老《けいろう》の日《ひ》

九月第三月曜日

人生の先輩に感謝する国民の休日

敬老の日は、長く社会や家庭のために働いてきた、人生の先輩であるお年寄りに感謝する日です。昭和二十六年（一九五一）に九月十五日を「としよりの日」として制定されたものを、昭和四十一年（一九六六）に国民の祝日とし、「敬老の日」に改名されました。さらに平成十五年、九月の第三月曜日に記念日が変更されましたが、もとの十五日も「老人の日」として残され、十五日から二十一日までを老人週間とし、老人福祉の関心と理解を深めるねらいから、敬老会、慰安会などのさまざまな行事が催されています。

この日は、親や祖父母はもちろん、親しくしている高齢者の方を訪ね、あいさつをして贈り物を届けたりします。贈り物に決まりはなく、好きな食べ物やカジュアルな洋服など、趣味や嗜好にあった物を選びます。何よりも「いつまでも元気で長生きしてください」の気持ちが、いちばんの贈り物といえるでしょう。

感謝の意の表わし方

感謝の気持ちを伝えることがプレゼント

贈り物はできれば直接会って、渡したいものです。元気な顔を見せ、感謝の気持ちを伝えるのが、何よりも喜ばれるプレゼントです。

祝い方は本人の希望を考慮して

最近では、年齢は高くてもまだまだ若々しく、老人扱いされたくない人も多いようです。さりげなく食事に誘って、楽しい時間を共有するのもいいでしょう。

Memo

長寿祝いの名称と由来

※年齢は数え年

還暦《かんれき》(61歳)

61歳で生まれた年と同じ干支に還ることから還暦と呼ぶ。

緑寿《ろくじゅ》(66歳)

平成14年に百貨店協会が新しく提唱。66を「緑緑」にかけて。

古《こ》希《き》(70歳)

中国の杜甫《とほ》の詩に「人生七十古来稀《まれ》也」とあることから。

喜寿《きじゅ》(77歳)

「喜」の字を草書体で書くと「七十七」と読めることから。

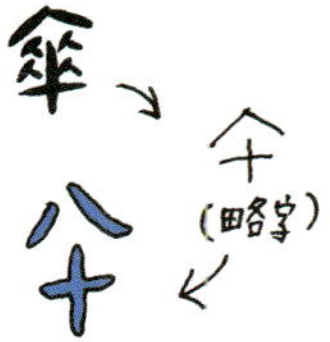

傘寿《さんじゅ》(80歳)

「傘」の略字が「八十」に見えることから。

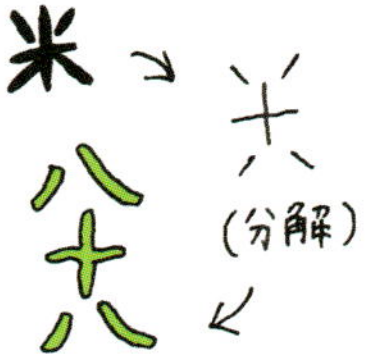

米寿《べいじゅ》(88歳)

「米」 の字を分解すると「八十八」に見えることから。

卒寿《そつじゅ》(90歳)

「卒」の略字が「九十」に見えることから。

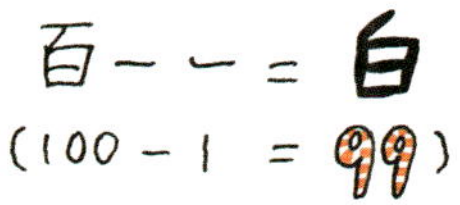

白寿《はくじゅ》(99歳)

「百」から一を引くと「白」の字になることから。

百寿《ひゃくじゅ》(100歳)

百は区切りのよい数。「百賀の祝い」ともいう。

Column4 各月の異称

月	和名	異名
1月	**睦月** むつき みなが睦むという意味で「むつび月」になり、これを略したとされる。	年端月《としはづき》・初春月《はつはるづき》 初空月《はつそらづき》・太郎月《たろうづき》
2月	**如月** きさらぎ 諸説あるが、寒さで衣を更に重ね着する「衣更着」が語源といわれる。	梅見月《うめみづき》・仲春《ちゅうしゅん》 初花月《はつはなづき》・雪消月《ゆきげづき》
3月	**弥生** やよい 草木のいよいよ生い茂るの意味で「いやおひ月」から転じたとされる。	花見月《はなみづき》・桜月《さくらづき》 春惜月《はるおしみづき》・夢見月《ゆめみづき》
4月	**卯月** うづき 卯の花の咲く月、あるいは稲を植える「植月」の略という説も。	卯《う》の花月《はなづき》・花残月《はなのこりづき》 夏初月《なつはづき》
5月	**皐月** さつき 田植えがはじまる時期なので「早苗月」。これを略したとされる。	早苗月《さなえづき》・橘月《たちばなづき》 五月雨月《さみだれづき》・月《つき》見《み》ず月《つき》

6月	**水無月** みなづき 6月(陰暦)は梅雨が明けて水が涸れる時期とする説が一般的。	風待月《かぜまちづき》・常夏月《とこなつづき》 鳴雷月《なるかみづき》
7月	**文月** ふみづき 文披(ふみひろげ)月の略で七夕の短冊などの文が由来とされる。	七夕月《たなばたづき》・女郎花月《おみなえしづき》 秋初月《あきはづき》・涼月《りょうげつ》
8月	**葉月** はづき 旧暦だと木の葉が紅葉する時期なので「葉落ち月」から転じたとされる。	月見月《つきみづき》・秋風月《あきかぜづき》 木染月《こそめづき》・桂月《けいげつ》
9月	**長月** ながつき 夜が長くなってくる時期なので「夜長月」を略したとされる。	菊月《きくづき》・色《いろ》どり月《づき》 紅葉月《もみじづき》・稲刈月《いなかりづき》
10月	**神無月** かんなづき 一般的には、諸国の神々が出雲に集まるためとされている。	神去月《かみさりづき》・時雨月《しぐれづき》 初霜月《はつしもづき》
11月	**霜月** しもつき 「霜降り月」を略したとする説が一般的。	雪待月《ゆきまちづき》・雪見月《ゆきみづき》 神楽月《かぐらづき》・神帰月《かみきづき》
12月	**師走** しわす この月になると僧(師)が忙しく走りまわることからついたとされる。	極月《ごくげつ》、春待月《はるまちづき》 暮古月《くれこづき》・臘月《ろうげつ》

十三夜《じゅうさんや》

十月十三日ごろ

中秋《ちゅうしゅう》の名月と対で見る「後《のち》の月《つき》」

中秋の名月は有名ですが、その一か月後に来る旧暦九月十三日の月もまた、名月として長く日本人に親しまれてきました。十五夜に対してこれを「後の月」と呼びます。十三夜の月見は、中国から十五夜の月見が入って来る前から日本にあった風習です。旧暦八月の十五夜は台風の季節でもあり、十三夜のほうが晴れる確率が高いために広まった風習のようです。十五夜の月を「芋名月」というのに対し、十三夜の月は「豆名月」「栗名月」といいます。

十三夜の風習

豆名月《まめめいげつ》・栗名月《くりめいげつ》

農耕行事でもある月見は、秋の収穫を祝うタイミングとしても、十三夜のほうが親しみ深かったといいます。十三夜では、収穫した枝豆、栗をお供えします。

お供えの俗信

かつて十三夜と十五夜の二夜だけは、他家の月見のお供え物を盗んでもいいとする風習がありました。盗んだお供え物を食べると健康になり、盗まれたほうには幸せが舞い込むなどといわれたようです。

「片月《かたつき》見《み》」は縁起が悪い

十五夜だけを見て、十三夜の月を見ないのは「片月見」といって縁起が悪い。そういわれるほど、日本人はこの日の月を大事にしていたのです。

えびす講《こう》

十月二十日

福運を願って恵比須様《えびすさま》に詣でる

恵比須様といえば、右手に釣り竿、左手に鯛を持った七福神のひとり。漁村にあっては豊漁、町家にあっては商売繁盛、農村では豊饒《ほうじょう》の神として信仰されて人気の高い神様で、その神様を祀《まつ》る行事は「えびす講」として知られます。

えびす講の行われる日は、旧暦十月

Memo

東京・日本橋のべったら市

「べったらべったら」という威勢のいいかけ声で知られる日本橋のべったら市。10月19・20日に催されます。もとは、えびす講の供え物などを売っていましたが、いつからか麹がべったりついた浅漬けのだいこんを売るようになったといいます。

二十日、十一月二十日、一月十日、一月二十日とさまざまですが、関東では新暦の十月二十日に、関西では一月十日に行うところが多いようです。十月二十日のえびす講は「二十日《はつか》えびす」、一月十日は「十日戎《とおかえびす》」といわれます。

えびす講の由来は、旧暦十月（神無《かんな》月《づき》）に、日本中の神様が出雲に出かけるなかで恵比須様だけが留守を守ってくれるため、残された恵比須様をお慰めするためにはじまったといわれます。その日は、恵比須様を信仰する商家の人が各所の恵比須様をお参りして福運を祈ります。

神無月《かんなづき》の留守を守る恵比須様《えびすさま》

留守番してくれる恵比須様に感謝して、10月19日の晩に、肴や菓子などを供えて祝う風習があります。

関西では十日戎

「商売繁盛《しょうばいはんじょう》で笹《ささ》もってこい」のお囃子で有名な関西の十日戎《とおかえびす》。神社では福笹を求める人で、賑《にぎ》わいます。

もみじ狩《が》り

晩秋

色とりどりの錦秋《きんしゅう》を楽しむ

春の行楽がお花見なら、秋の行楽の目玉はもみじ狩りです。もみじ狩りは古くから宮廷貴族の間で楽しまれ、その美しさは数々の和歌に詠まれてきました。江戸時代になり、戦乱の世の中が終わると、庶民の間にももみじの美しさを楽しみ、宴を催す習わしが定着しま

Memo

「楓」は「蛙手」が由来

楓(カエデ)は、蛙の手に似ていることから、古くは「かえるで」と呼ばれていました。ちなみに北アメリカ原産のサトウカエデは、メープルシロップの原料。木材として使用されるときは「メープル材」と呼ばれます。

した。

もみじの見頃は、地域や年によっても異なりますが、十月中旬から十一月下旬となります。紅葉前線は桜前線とは逆に北から南下していき、朝の最低気温が八度以下になると葉が色づきはじめます。桜の美しさは毎年変わりませんが、もみじは年によって美しさが変わるといいます。一般的に、九月から十月に上天気が続き、夜が冷え込む年には、とくに美しく紅葉するといわれます。

もみじの名所としては、層雲峡《そううんきょう》、奥入瀬《おいらせ》渓《けい》谷《こく》、日光《にっこう》、箱根《はこね》、高雄《たかお》などがありますが、都会でも公園や並木道などでもみじの美しさを楽しむことができます。

銀杏《いちょう》も「もみじ」

もみじとは、紅葉・黄葉する木の総称で、モミジという木はありません。元来は、寒くなって、草木が赤や黄色になることをいい、「もみいづる」「もみづる」と動詞にも使います。紅葉といえばすぐに赤い楓を思い浮かべますが、黄色くなった銀杏も「もみじ」です。

十一月暦　霜月《しもつき》

酉《とり》の市《いち》

十一月酉の日

熊手《くまで》を買い求め開運招福を願う

毎年十一月の酉の日に行われるのが「酉の市」です。酉の市は関東に独特の風習で、各地の鷲《おおとり》神社、大鳥神社の祭りに立ちます。酉の市の発祥は足立区花畑《はなはた》の大鷲神社で「本の酉」といわれますが、現在は浅草・長国寺《ちょうこくじ》の鷲大明神《おおとりだいみょうじん》の酉の市が有名です。

十一月最初の酉の日を「一の酉」、次を「二の酉」、三番目を「三の酉」といいます。

酉の市の名物といえば、何をさておいても開運招福の熊手。お多福や小判、宝船などで飾られた熊手は、福やお客さんを「かき込む」「とり込む」縁起物として人気です。

年によって、二の酉までの年と三の酉まである年があります。俗に「三の酉のある年は火事が多い」といわれます。これは、鶏(酉)が宵に鳴くと火事が出るという言い伝えや、鶏のとさかが赤いところから生まれた連想のようです。また、三の酉のころには寒さも厳しくなり火を使う機会が増えるので、火事を戒める意味もあるようです。

縁起熊手の決まりごと

熊手を買うときは、前年より大きなものを選ぶのが習わし。最初は小さな熊手からはじめましょう。福をとり込みやすいよう玄関の入り口に向けて、少し高いところに飾るとご利益があるといいます。1年間飾った熊手は、神社で浄めてもらいます。

小さいものから
スタート!

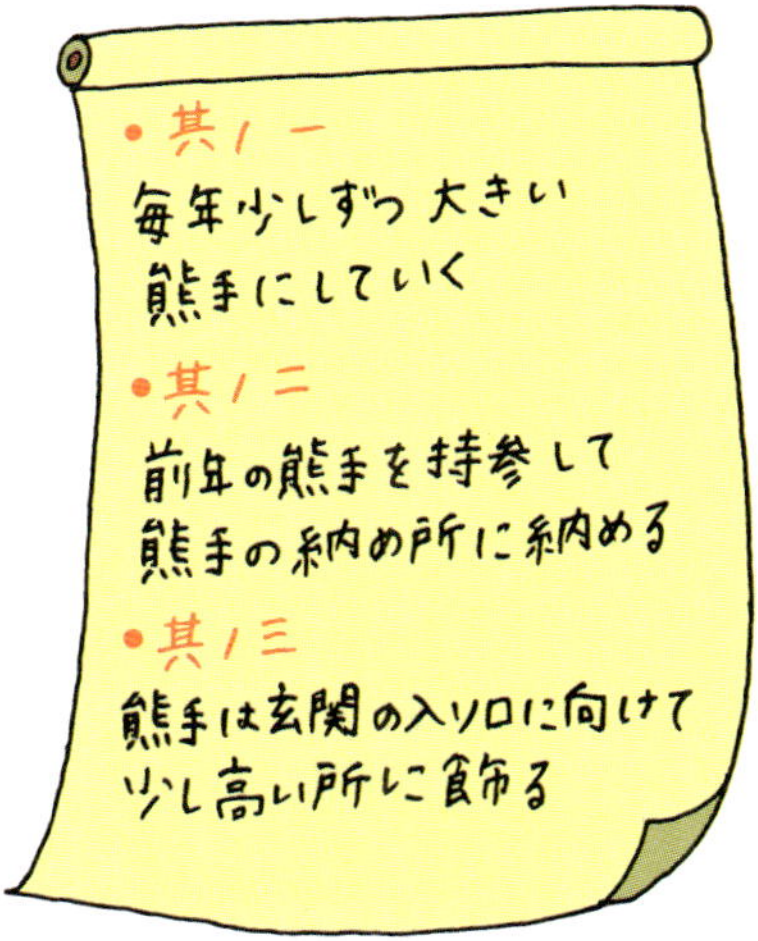
其ノ一
毎年少しずつ大きい
熊手にしていく
其ノ二
前年の熊手を持参して
熊手の納め所に納める
其ノ三
熊手は玄関の入り口に向けて
少し高い所に飾る

How to

熊手の買い方

1 店の前に立つと、熊手商から声がかかるので、予算を伝える。安く購入するほど縁起がいいとされているので、最初は予算より少なめに伝えるのがポイント。

2 熊手商との駆け引きを楽しみながら、値段を決める。昔は、値切った分を「ご祝儀」として店においてくるのが粋とされたが、決まりというわけではない。

3 手に入れた熊手を店の中央に掲げる。熊手商の威勢のいいかけ声を合図に、手締めが行われる。元気よく「ありがとうございました」と言って、締める。

4 購入した熊手が、より多くの福をかき込んでくれることを願い、帰りは熊手を高く掲げて歩く。

Memo

熊手の由来

江戸に近い花又村（足立区花畑）という農村で行われた収穫祭が、酉の市のルーツといわれています。収穫祭の日、村の鎮守《ちんじゅ》である大鷲神社には市が立ち、農産物や農具が売られました。ここで売られた熊手がいつしか縁起物へと変化していったといわれています。

亥《い》の子《こ》

十一月
第一亥の日

亥の子餅を食べて収穫を祝う

亥の子とは、西日本で古くから親しまれている行事です。亥の月（旧暦十月、新暦十一月）、亥の日、亥の刻（午後九時から十一時）に亥の子餅を食べて、その年の収穫を祝うといわれ、今も十一月に入ると、町の和菓子店には亥の子餅が並びます。

猪（亥）が多産なことにあやかり、子孫繁栄を祈願して行われたのが由来とされていますが、稲刈りの時期と重なるため収穫祭の意味合いが強くなったといわれています。

この日は、新米で餅をついて亥の子餅を作り、田の神様に供えます。子どもたちは、「亥の子搗《つ》き」といって、丸石や束ねた藁《わら》で地面をついてまわり、家々から餅をもらうのが習わしです。

亥の子に似た行事に、東日本の「十日夜《とおかんや》」という収穫祭があります。餅を供えたり、藁で地面をたたいたりと、亥の子と同じような儀式が行われます。

Memo

東日本の「十日夜《とおかんや》」と「だいこんの年取り」

旧暦10月10日に行われる刈上げの行事で、おもに長野県や山梨県、群馬県、埼玉県などで見られます。子どもたちが囃しながら藁で地面をたたいてまわる儀式や、案山子《かかし》を田から持ってきて庭先に立て、餅を供える地域もあります。また10月10日を「だいこんの年取り」とするところが、東北から中部地方に見られます。この日、だいこんの割れる音を聞いたものは命がないなど、だいこんに関する言い伝えがあります。

亥の子祭りの風習

田の神様にお供えする

亥の子は、稲刈りの終了時に行われる「刈上げ」の儀礼のひとつ。田の神様が去っていくときとされ、農家では供え物をしたり、収穫の稲を積み上げげたり、刈上げに用いた鎌を洗って供えたりします。

亥の子餅

亥の子餅は中国では、大豆、小豆、ささげ、胡麻、栗、柿、糖の7種を混ぜた餅でした。日本の宮中では猪の形が重視されたといいますが、民間では胡麻(黒)、小豆(赤)、粟(白)の三色の餅や牡丹餅など、地域によってさまざまです。

子どもたちが亥《い》の子《こ》搗《つ》きをする

子どもたちが丸石を縛りつけた藁縄を持ち、それをみんなで囃しながら地面にたたきつけたりします。土地の邪霊を鎮め、土地の精霊に力を与えて豊作を祈るおまじないだといわれています。

お茶の世界では炉《ろ》開《びら》きをする

お茶の世界では、この日から冬のはじまり。春から使っていた風炉をしまい、畳の下に備えつけてある「炉」という小さないろりに切り替えます。これを「炉開き」といいます。猪は火を防ぐといわれ、一般家庭でも、この日に掘り炬燵《ごたつ》やいろりを開いたといいます。

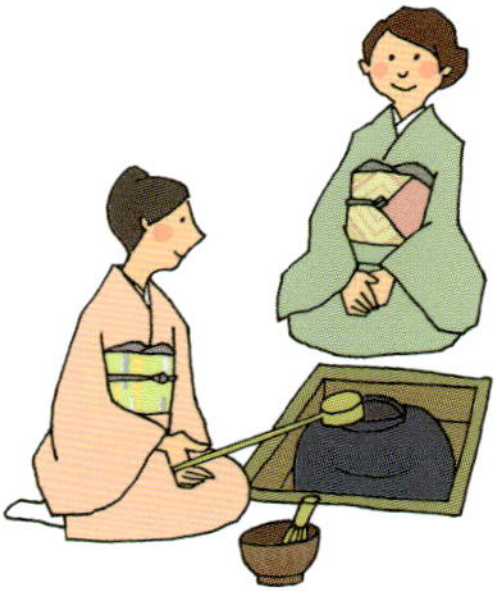

七《しち》五《ご》三《さん》

十一月十五日

成長の節目を祝い厄落としをする

「七五三」は、子どもの節目の年に氏神様や神社に詣で、子どもの健やかな成長を願う行事です。男の子は三歳と五歳、女の子は三歳と七歳のときに行います。

七五三は、もともと宮廷や武家で行われていた三歳の「髪置《かみおき》の儀」、五歳の「袴着《はかまぎ》の儀」、七歳の「帯解《おびとき》の儀」という儀式が、明治のころに統合された行事です。本来は数え年で祝いますが、今は満年齢で祝うことが多いようです。神社に詣でるほか、三・五・七歳は子どもの厄年でもあるため、神社でお祓いをしてもらったり、写真館で記念写真を撮ったりして家族でにぎやかにお祝いします。

日付の由来には、五代将軍・徳川綱吉の子の徳松が、無事に五歳を迎えたのを祝ったのが十一月十五日だったという説や、稲の収穫を祝う十一月の満月の日としたなどの諸説があります。今は日付にこだわることなく、十月、十一月のよい日が選ばれることが多いようです。

【千歳飴《ちとせあめ》】

千歳までの長寿を願う「千歳飴」。江戸時代、豊臣残党のひとり、平野陣九郎重政が甚右衛門と改名し、飴屋になってはじめたと伝えられています。飴は、年の数だけ袋に入れるとよいといわれます。

Memo

「数え年」の数え方

年令を魂の数で数える方法。生まれた年を1歳とし、翌年の正月で2歳、正月がくるたびに1歳年を重ねます。大晦日生まれの子は、翌日に2歳になります。

七五三の原形と現在の祝い方

【髪置《かみおき》(3歳)】

生まれて7日目からそっていた頭髪を、3歳の春から伸ばしはじめ、髪置の日に結い直します。そして綿帽子という白い綿を頭にのせ、白髪頭になるまで長生きするように祈ったといいます。

結い髪をするのに長さが足りない場合は、髪飾りをつけて。

出産時のお宮参りの掛け着に袖なしの被布だが、現在はあまりこだわらない。友禅の総柄やぼかし染めなどの着物にへこ帯を結ぶのが主流。

【袴着《はかまぎ》(5歳)】

平安時代の、男女ともにはじめて袴をつける儀式が由来。江戸時代以降、男児のみの風習になりました。このとき子どもは冠をつけて碁盤の上に乗り、どちらを向いても勝つように四方に向かって神に祈ったといいます。

紋付《もんつき》羽織《はおり》に仙台平《せんだいひら》の袴が基本だが、現在はあまりこだわらない。

【帯解《おびとき》（7歳）】

7歳前の女児が着る着物についていた「つけ紐」をとる儀式。この日から、本式の帯を締める着物に切り替えます。帯解は、「紐落とし」「帯直し」ともいいます。

結い髪にすると華やかで大人びた印象に。

本裁ちの着物に、肩上げ、腰上げをするのが基本。絵羽模様や友禅の総柄などで、華やかな朱色やピンクなどが主流。

新嘗祭《にいなめさい》

十一月二十三日

天皇が新米を食して祝う伝統ある儀式

天皇が毎年執り行う重要な祭儀のひとつに「新嘗祭」があります。これは、その年に収穫された穀物を神様に捧げ、それを天皇が食すことで、収穫への感謝と翌年の豊作を祝う行事です。一年の収穫を祝う総仕上げというべき儀式で、新嘗祭が終わるまで、その年の新米は食べてはいけないという習わしもありました。天皇が即位して最初の新嘗祭は、とくに大嘗祭《だいじょうさい》といわれて区別されます。

新嘗祭の歴史は古く、飛鳥時代にはじまります。途中、戦国時代に中断されましたが、江戸時代に復活し、今なお皇室の儀式として脈々と受け継がれています。

旧暦のころは十一月の卯の日に行われていましたが、新暦では十一月二十三日に定められ、国民の休日になりました。しかし戦後、国家行事としての新嘗祭は中止され、「勤労感謝の日」として、勤労を貴び、すべての職業の人に感謝をする休日として生まれ変わりました。

新米は新嘗祭後に

すでに7世紀ごろから、11月に行われていたという収穫祭。「嘗」とは「なめる」ことで、新嘗祭は「神様と人とが一緒に食べ合う」ことを意味しているといいます。そのため、新嘗の儀式が終わるまで、新米は食べないという習慣もありました。

勤労感謝の日

働くことを喜び、生産を祝って互いに感謝する日です。この日は全国各地でお祭りや農産物の品評会などが行われます。ちなみに七面鳥を食べることで有名なアメリカの「感謝祭」も、秋の収穫を神に感謝する収穫祭です。

Column5

厄年《やくどし》とは

現代も根強く信じられている身のまわりに注意すべき年

厄年は、思わぬ災難や病気、怪我にみまわれやすい要注意の年だとされます。男性の厄年は数え年の二十五歳と四十二歳、女性の厄年は十九歳と三十三歳。ほかにも、子どもの三歳、五歳、七歳、十三歳、十五歳を厄年とする地域が多く、還暦《かんれき》の六十一歳も厄年となります。

とくに男性の四十二歳と女性の三十三歳は、「死に」「散々」に通じることから本厄《ほんやく》といわれます。その前後を含めた三年間は、婚礼や家の新築などの派手なお祝いは避けたほうがいいといわれるとともに、平穏を願ってお祓いを受けたり、厄除けの神社や仏閣に詣でる人も多くいます。

厄年は中国の陰陽道《おんみょうどう》に由来する考えで、古くから日本人の心に根づいてきました。そのため日本の各地には、禊《みそぎ》をする、神仏に奉仕する、神輿をかつぐ、餅や豆をまくなどして、厄年の人が厄祓いする古くからの風習が残っています。

平成の現代においても、男性の四十二歳といえば、働き盛りの体にそろそろ疲れが出てくる時期。女性の三十三歳は、子育てや仕事の切り回しに忙しく、自分の身をいたわれない時期とあって、身のまわりに気をつける節目の年として意識されています。

子どもの七五三と還暦が厄年というのは、意外に思われるかもしれません。成長や長寿の節目としてお祝いされる年が、どうして厄年なのでしょうか。

その答えには二つの説があります。まずは、「厄年」そのものが神事で重要な役割を果たす「役年」から生まれたという考えです。厄年に身を慎むのは、神に仕えるための物忌《ものい》みのためというわけです。もうひとつは、年祝いを厄年の一連の行事とみる考えです。七五三や還暦の祝いは、餅や豆などに厄を託して祓う、厄除けの意図があるというわけです。節目の年を祝うのは、実は厄を祓う意味もあるのです。

Column6

六曜《ろくよう》とは

吉凶を示す大安・仏滅は曜日代わりの符号だった

多くのカレンダーで日付とともに書いてある、「先勝」「友引」「先負」「仏滅」「大安」「赤口」を六曜といいます。私たちは六曜を「友引の日にはお葬式は避ける」「結婚式は大安の日に」などと、冠婚葬祭の日取りを決める参考にしていますが、もとは現在の七曜(月・火・水・木・金・土・日)のように、日にちを区別する符号だったようです。

六曜は、室町時代に中国から伝わりましたが、長いことあまり関心が持たれていませんでした。広く知られるようになったのは幕末のころで、さらにそれが浸透したのは新暦に移行した明治期といわれています。現在のカレンダーに配された六曜は、旧暦から新暦にそのまま移し替えられたものです。

六曜の読み方は、仏滅以外どれも複数あり、それぞれ日の吉凶を表しています。

●先勝（せんかち・せんしょう・さきかち）――急ぐほど吉の日。午前は吉。午後は凶。「先ずれば必ず勝つ」の意。

●友引（ともびき・ゆういん）――引き分けで勝負のつかない日。朝晩は吉。正午は凶。「友を引く」の意があるので葬式は避けます。

●先負（せんまけ・せんぷ・さきまけ）――勝負事や急用は避けるべき日。午前は凶。午後は吉。「先ずればすなわち負ける」の意

●仏滅（ぶつめつ）――何事もうまくいかず、祝儀は慎むべきとされる日。

●大安（たいあん・だいあん）――六曜のなかで最も吉の日とされ、婚礼などの祝儀に最適。「大いに安し」との意。

●赤口（しゃっく・しゃっこう・せきぐち）――正午のみ吉の日。ほかは凶で、祝儀はとくに大凶。赤が血を連想させるため、刃物を扱う人は要注意の日とされます。

十二月暦　師走《しわす》

正《しょう》月《がつ》事《こと》始《はじ》め

十二月十三日～

「煤払《すすはら》い」でお正月準備をスタート

日頃は走らない僧侶(師)さえ走るという師走は、お正月の準備をする大切な月。お正月を迎える準備は、「正月事始め」の日からはじめるのが習わしです。

旧暦十二月十三日は、江戸時代初期まで使われていた宣明暦《せんみょうれき》で「鬼の日」とされ、婚礼を除いてすべてのことが吉とされます。そのため、この日は正月準備をはじめるのに最適の日とされ、門松の松や雑煮を焚く薪を山にとりにいく「松迎《まつむか》え」などが行われました。

松迎えの習慣は今では少なくなりましたが、今もこの日に欠かせないのが「煤払い」の行事です。いろりで火を焚く昔の家では、まずは一年の煤を払うことがお正月を迎える重要な準備でした。煤払いは単なる大掃除でなく、年神様《としがみさま》をお迎えする大切なしきたりだったのです。現代では煤払いに代わり、この日に神棚や仏壇などの掃除をして、新年を迎える事始めとしてみるのもいいでしょう。

正月準備

【煤払《すすはら》い】

昔は、竹竿の先に藁《わら》をくくりつけた「煤梵天《すすぼんてん》」と呼ばれる道具を作って、煤払いを行う風習がありました。商家では、作業が終わると主人を胴上げし、祝宴を行ったといいます。

【松迎《まつむか》え】

門松をはじめ、正月に必要なさまざまな木を山からとってくること。とりに行くのはおもに一家の主人で、恵方《えほう》の山へとりに行ったといいます。

【餅《もち》つき】

今は一般にはなかなか見られませんが、12月25日くらいから28日ごろに餅つきが行われます。大きな農家では大勢の手伝いがきて、夕方から朝までつき続けたといいます。

How to

チェック!　掃除の鉄則

まずはほこりを上から下へ

掃除は上から下へ、が基本中の基本。床掃除からスタートするのは間違い。壁や家具のほこりは、ブラシやハケなどで掃いて落としながら、掃除機で吸い込むと効率的。

掃除機は常に体の後ろに

掃除機の排気口から出る風でほこりを舞い上げないよう注意。掃除機はいつでも自分の体の後ろに置き、これから掃除機をかけようとしている場所のほこりが舞うのを防いで。

掃除機は引くときゆっくり

掃除機の吸引力は引くときにアップ。押すときは普通でも、引くときにゆっくり時間をかけて滑らせるのがポイント。フローリングの溝、畳の目にはゴミがたまるので、目に沿って掃除機をかけて。

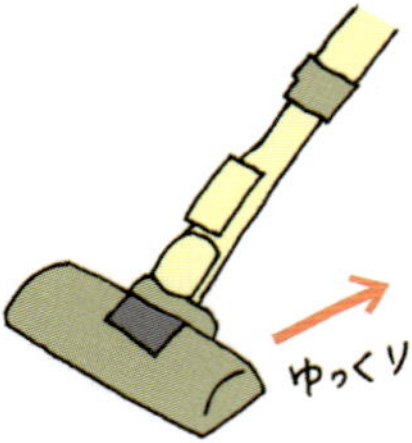

乾いた汚れは乾いたまま取る

網戸やエアコンのフィルターについた汚れは、ひとまず掃除機で吸い取るのが鉄則。濡れぞうきんで拭いてしまうと、泥のようになって汚れが取れにくくなってしまうので注意。

掃除機はしまい込まない

掃除機はすぐに取り出せる場所に置くようにして。「掃除しよう」と思ったときに、「掃除機を取り出すのがめんどう」と思わない場所に置いておくことは、掃除嫌いの人には重要なポイント。

お歳《せい》暮《ぼ》

十二月十三日

日頃の感謝の印に正月用品を贈る

年の暮れに、お世話になっている方に感謝を込めて贈り物をするのが「歳暮の礼」、すなわちお歳暮です。もともとお歳暮は、年越の御魂祭《みたままつり》にお供えするお米や塩鮭、するめなどを、子どもたちが親元へ持ち寄った習慣から生まれたものといいます。古くは暮れの二十七日ぐらいから大晦日までに贈っていましたが、次第に早まって正月事始めの日から二十日ぐらいまでに贈るようになり、今では年の瀬の慌ただしさを避ける意味から、十二月上旬から二十日ごろまでに届けるのが一般的となりました。

本来は、直接相手を訪問し、あいさつとともにお歳暮の品を手渡すのが正式な作法ですが、最近はデパートから配送することが多いようです。その際は、あいさつ状を別に送るようにします。お歳暮の品は、旧来のように正月用品である必要はありませんが、食品や消耗品など、ほかと重なっても困らないものが喜ばれるようです。

Memo

お歳暮のあいさつ状の送り方

品物より先に届くように郵送するか、品物に添えて送るのがマナー。手紙、はがきのどちらでもいいですが、品物に添えるときは便せんかカードに書き、封筒に入れて品物と一緒に梱包しましょう。

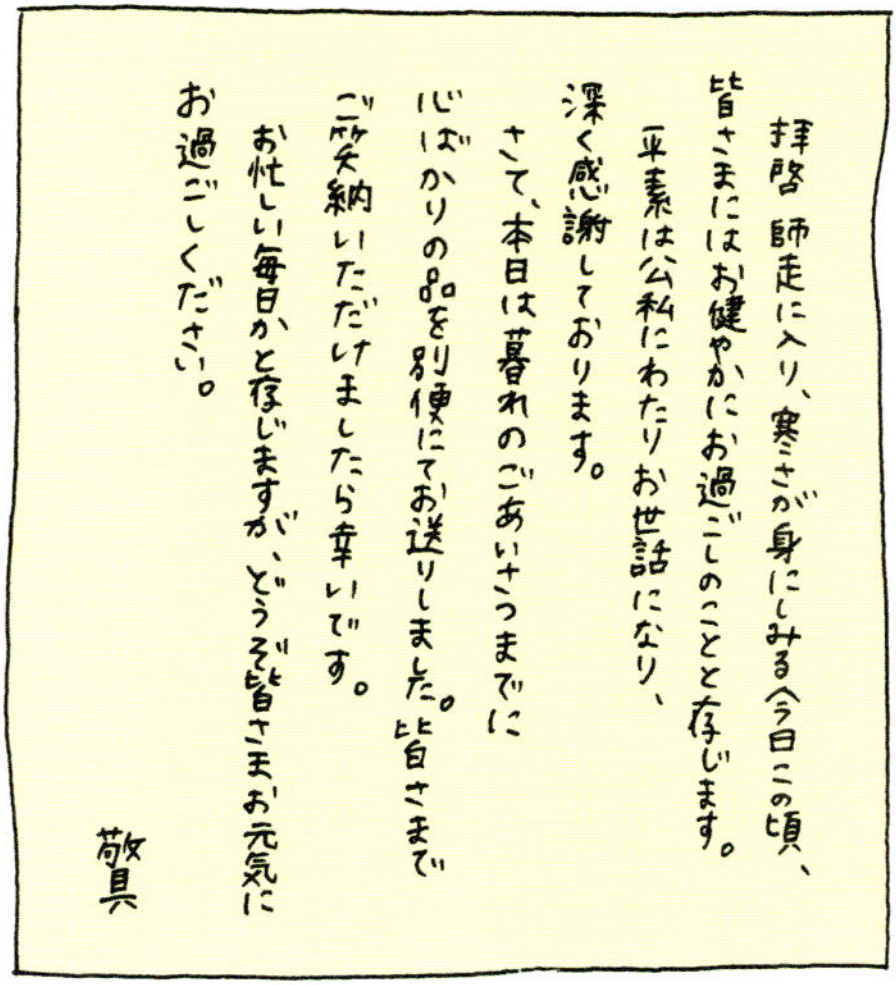

拝啓　師走に入り、寒さが身にしみる今日この頃、
皆さまにはお健やかにお過ごしのことと存じます。
平素は公私にわたりお世話になり、
深く感謝しております。
さて、本日は暮れのごあいさつまでに
心ばかりの品を別便にてお送りしました。皆さまで
ご笑納いただけましたら幸いです。
お忙しい毎日かと存じますが、どうぞ皆さまお元気に
お過ごしください。
敬具

冬至《とうじ》

十二月二十二日ごろ

太陽の力が増していく起点となる日

一年のうち、昼のもっとも短い日が「冬至」で、新暦では十二月二十二日ごろにあたります。古く中国には、この日を暦のはじまりと考え、「冬至節」という天を祀る儀式が行われていました。昼がもっとも短い冬至は、これからどんどん太陽の力が増していく、起点の日にあたるからです。

これを受け、日本でも冬至を一年の大切な節目として祝う習慣が生まれました。とくに、冬至の日が旧暦十一月一日と重なると「朔旦冬至《さくたんとうじ》」という喜ばしい兆しとされ、宮中では祝宴が行われました。

冬至のしきたりには、かぼちゃ料理やゆず湯があります。冬至の日にかぼちゃを食べると風邪をひかない、という言い伝えはよく知られています。こんにゃくや小豆粥も冬至の食べ物とされます。香りも楽しめるゆず湯は邪気を祓うもので、入るとひびやあかぎれが治るといわれています。

冬至の日の食べ物

【小豆粥《あずきがゆ》】

中国の言い伝えによると、共工という凶暴な水神の息子が冬至の日に死んで疫鬼になったが、赤い小豆を怖がったといいます。そこで、冬至の日には小豆粥を食べて、厄を祓うようになったといわれています。

【かぼちゃ】

かぼちゃを冬至の日に食べると、中風予防のおまじないになるといいます。冬は野菜が少なくなるため、この時期においしくて栄養のあるかぼちゃを食べることで、無病息災を願ったと考えられています。

Let's try

ゆず湯に入ろう!

1 ゆずの実5～6個を厚めの輪切りにし、やや大きめのボウルに入れ、1升分ほどの熱湯を注いで、20分くらい蒸らす。

2 お湯が冷めたら、ゆずを布袋に入れる。目の粗い洗たくネットを使うと、ゆずのエキスが出やすいので便利。

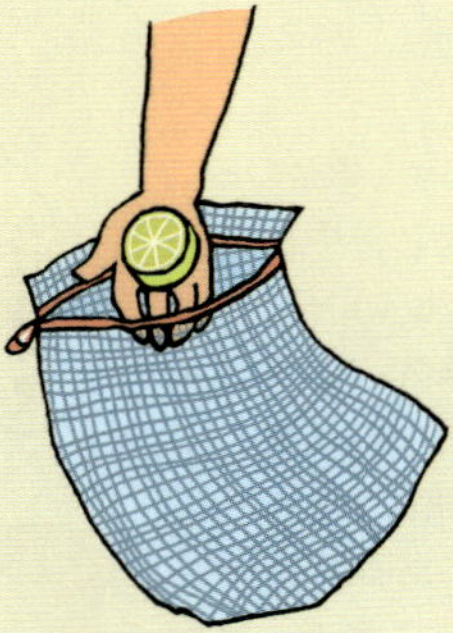

3 お湯の入った浴槽にゆずの入った袋を絞り、袋はそのまま浴槽に入れる。

4 ゆずの香りに包まれて、お風呂をゆっくり楽しむ。ゆずに含まれるビタミンCには美肌効果も。

クリスマス

十二月二十五日

赤と緑のツリーに年の瀬の心も弾む

日本の年の暮れのムードをいっそう高めるのは、お正月準備よりも、今や十一月から街に飾られるクリスマスツリーかもしれません。キリストの誕生を祝うクリスマスは、今ではすっかり日本に定着した年中行事です。

キリスト教国では、クリスマスは復活祭と並ぶ重要な行事で、二十五日は祝日とされ、前夜のイブには朝から教会で礼拝が行われます。また、クリスマスに先立ってカードを送り合う習慣もあります。日本では、家族や恋人とクリスマスパーティをし、子どもたちはサンタクロースの来訪を待ちこがれる日となっているようです。

子どもたちにプレゼントをくれるサンタクロースは、子どもの守護神・聖ニコラウスに由来するといわれます。オランダでは、十二月に現れる聖ニコラウスが、その年に行いのよかった子どもにプレゼントをくれるとされており、その伝承がアメリカに移住したオランダ人によって伝わり、クリスマスイブにプレゼントをくれるサンタクロースにつながったということです。

パーティを盛り上げるのは、クリスマスのごちそうと飾りつけです。日本ではいちごのショートケーキをクリスマスに食べるのが一般的ですが、世界各地には、ブッシュ・ド・ノエルやシュトーレンなど、個性豊かなクリスマスのお菓子があります。クリスマスツリーには、太陽と生命のシンボルである常緑樹が使われます。家族でツリーの飾りつけを楽しむのも、よい思い出づくりとなるでしょう。

クリスマスのシンボルの由来

【クリスマスツリー】

クリスマスツリーには、常緑樹が使われます。冬の間も緑を保つ常緑樹は、強い生命力の象徴とされたのです。日本ではクリスマスツリーといえばモミの木ですが、ヨーロッパではドイツトウヒが使われています。

【ツリーの飾り】

クリスマスツリーははじめ、ろうそくとりんごで飾られていました。また、ツリーの飾りつけをするのは天使といわれ、「天使の髪」に見立てた銀の糸をツリーの上からかけます。

【クリスマスカラー】

赤はキリストが人々のために流した血、緑は永遠の生命、白は純潔を表わしているといいます。

【柊のリース】

赤い実をつけるセイヨウヒイラギが用いられます。柊の棘は、キリストの受難のシンボルであるイバラの冠を表わしているともいわれます。

【ポインセチア】

クリスマスの時期に葉が赤くなるポインセチア。クリスマスに関する由来はありませんが、クリスマスフラワーの別名でも親しまれています。

【七面鳥】

イギリスからメイフラワー号でアメリカに渡った清教徒たちの命を支えたといわれる七面鳥。アメリカでは感謝祭やクリスマスのごちそうとして食べる習慣があり、これが世界に広まったといわれています。

【クリスマスケーキ】

誕生日もクリスマスもショートケーキを食べるのは日本だけ。ヨーロッパにはクリスマスに食べる伝統的なお菓子があります。

ブッシュ・ド・ノエル

フランス語でブッシュは「木、丸太」で「クリスマスの薪」の意。その名の通り薪や切り株の形をしている。

Let's try

超カンタン ブッシュ・ド・ノエルを作ろう!

[材料]

ロールケーキ　1本、生クリーム　1／2カップ、ココア　大さじ2、粉砂糖　適宜

[作り方]

生クリームにココアを入れ、8分立てに泡立て、ロールケーキにぬる。フォークで横に筋を入れたら、端をひと切れ切り落とし、ロールケーキの上にのせる。全体に粉砂糖をかける。

パネットーネ

パネットーネ種の酵母を用いたパン生地にドライフルーツをまぜて焼いたイタリアの伝統的な菓子パン。

クリスマスプディング

イギリスの伝統的なクリスマスケーキ。小麦粉にドライフルーツ、ナッツなどを混ぜ、蒸し焼きにしたもの。

シュトーレン

イースト発酵させたパン生地に、ドライフルーツやナッツを練り込んで焼き上げたドイツの伝統的なお菓子。

ボーロ・レイ

ドライフルーツやナッツを入れた発酵生地を焼き上げたポルトガルのケーキ。中には乾燥そら豆が入っている。

年《とし》の市《いち》

十二月
中旬~下旬

お正月用品が何でも揃う年末の市

師走も半ばを過ぎると、寺社の門前や神社の境内に正月用品を売る「年の市」が立ち、しめ飾りや裏白《うらじろ》、水引などの正月飾りをはじめ、三方《さんぼう》、羽子板などが売られます。今のように専門商店が揃わない時代には、年の市はお正月準備に欠かせないものでした。現代においても、露店と人が集まる年の市は、慌ただしくも活気にあふれる年末の風物詩のひとつです。

東京では、浅草の浅草寺《せんそうじ》で行われる年の市がもっとも有名です。とくに江戸時代には江戸随一の年の市といわれ、正月用品は何でもここで揃えたといいます。浅草寺では、年の市と同じくして羽子板市も立ち、今でも毎年大勢の人がお正月の準備に訪れます。

年末に立つ有名な市

【浅草《あさくさ》羽《は》子《ご》板《いた》市《いち》】

12月17～19日に浅草寺の境内に立つ羽子板市は、浅草の風物詩。酉の市の熊手と同じで景気をつける縁起物として扱われ、売買が成立すると手締めをするのが習わしです。

【世《せ》田《た》谷《がや》ボロ市《いち》】

小田原の北条氏がこの地に無税の市を許したのが起源。北条氏滅亡後はさびれたものの、農具や古着、正月品を売る市として継続され、今は12月と1月中旬ごろに開かれています。

世田谷のボロ市も歴史ある市です。以前は正月用品も売られていましたが、今では衣類や骨董品などの露店が一キロにも渡って長く続く、年末の名物市となっています。

大晦日《おおみそか》

十二月三十一日

大晦日の夜から新年がはじまる

各月の最後の日を「晦日《みそか》」といい、一年の最後の日を「大晦日」といいます。あとは新年を迎えるだけの日です。

江戸時代までは、日没が一日の境目と考えられていました。つまり大晦日の夜、すでに新年ははじまっているのです。そのため大晦日の夜は、眠らずに年神様《としがみさま》を待つ習わしがあります。うっかり寝るのを戒めるため、大晦日には、寝るとしわがよる、白髪になるなどの言い伝えがあります。

こうした風習を色濃く受け継ぐ地方では、大晦日の夜にごちそうを用意して新年を祝う習慣があります。

年越そばを食べる風習は意外と新しく、江戸中期からといわれます。これは、月末に忙しい商家が三十日の夜にはそばを食べる、という習慣から生まれたようです。過ぎゆく一年に思いを馳せつつ、除夜の鐘が鳴りはじめるのを聞けば、年神様を迎える新年はもうすぐそこです。

大晦日にすること

【掃《は》き納《おさ》め】

大晦日にする掃除を、掃き納めといいます。元旦の掃除は「福を掃く」として忌み嫌うことから、この日は入念に掃除して、新年を迎えます。

【年《とし》の湯《ゆ》】

大晦日の夜に入浴することをいいます。毎日入浴するのが当たり前になった現在とは違い、昔は1年の垢を落とすという意味で特別なお風呂だったといえます。

大晦日の食事

【年取膳《としとりぜん》】

大晦日の晩、正式の食事をすることを年取といいます。昔は数え年だったので、年を越すことで１つ年をとるため、一家そろって年取の膳につき、尾頭つきの魚を食べたといいます。

【年越《としこし》そば】

大晦日にそばを食べる風習は江戸時代以降のことで、由来には諸説あります。月末忙しい商家が食べた「三十日《みそか》そば」や「細く長く」という縁起かつぎともいわれます。地域によっては、「つごもりそば」、「運気そば」、「福そば」、「寿命そば」などとも呼ばれます。また、讃岐うどんで有名な香川県の一部では、「年越うどん」を食べるともいいます。

除夜の鐘の回数となる人間の煩悩の数え方

除夜の鐘の数については諸説ありますが、人間の煩悩を108つとする説が有力といわれています。

仏教では、六根《ろっこん》と呼ばれる「眼・耳・鼻・舌・身・意（心）」の感覚器官それぞれに、「好・平・悪」の3つの状態があり（これで合計18種類）、状態の程度も「浄（清浄）・染（汚染）」の2種類があって、計36種類。この36種類は、「前世・現世・来世」の分だけあるというので、合計108つになります。

Column7

「ハレ（晴れ）」と「ケ（褻）」

暮らしのなかで生まれた祝祭と日常のリズム

昔の日本人の暮らしには、「ハレ（晴れ）」と「ケ（褻）」というリズムが基調にありました。「ハレ」はお正月やお盆などの特別な日を、「ケ」は普段の労働にいそしむ日常をさします。

日ごろは食べない魚や肉、赤飯や餅などのごちそうを作り、「ハレ着」（晴れ着）をまとって酒宴を開くのが「ハレ」の日。この日はいつもの仕事を休み、特別な日を過ごします。一方、「ハレ」に比べたら膨大な日数を占める「ケ」の日には、特別なごちそうを食べることもなく、普段着をまとい、いつもの労働に精を出すのです。

昔の日本人は、こうした「ハレ」と「ケ」の日を明確に分けて暮らしてきました。

たとえば「怠け者の節句働き」という言葉がありますが、これは「ハレ」の日に働く人をそしるものです。「ハレ」の日は、お正月に年神様《としがみさま》を迎えたり、お盆に先祖の霊を迎えたりする大切な日だからこそ、仕事を休み、心安らかに過ごすことが必要とされたのです。

「ハレ」と「ケ」を分ける暮らしは、季節の節目節目を大切にする日本の稲作文化のなかから自然と生まれてきたものでしょう。「ケ」の毎日を懸命に暮らすなかで、「ハレ」の日を待ちわびて、「ハレ」の日を存分に楽しんだに違いありません。

　しかし、日本の近代化や都市化にともない、次第に「ハレ」と「ケ」の区別はあいまいになってきました。お正月やお盆を稼ぎどきとして働く人もいれば、普段の日におしゃれをして豪華な食事を楽しむ、といった具合です。

　今の世の中は「ハレ」が日常化した分、そのありがたみが少なくなりました。そんな今だからこそ「ハレ」の日をもう一度見つめ直し、大切に過ごしてみましょう。日本人が忘れかけた、季節に対する心の豊かさが、そこに見つかるはずです。

本書は、『おうちで楽しむ　季節の行事と日本のしきたり』（2014年12月／小社刊）を再編集し、文庫化したものです。

監修者：新谷尚紀（しんたに・たかのり）

民俗学者。早稲田大学大学院博士課程修了。国立歴史民俗博物館・国立総合研究大学院大学名誉教授。現在國學院大學大学院客員教授。

主な著書に『日本人の春夏秋冬―季節の行事と祝いごと』（小学館）、『なぜ日本人は賽銭を投げるのか―民俗信仰を読み解く』（文藝春秋）、『なるほど！民俗学』（PHP研究所）、『民俗学がわかる事典―読む・知る・愉しむ』（日本実業出版社）、『神々の原像―祭祀の小宇宙』『柳田民俗学の継承と発展―その視点と方法』

マイナビ文庫

季節の行事と日本のしきたり事典ミニ

2019年4月30日　初版第1刷発行

監　修	新谷尚紀
発行者	滝口直樹
発行所	株式会社マイナビ出版 〒101-0003 東京都千代田区一ツ橋2-6-3 一ツ橋ビル2F TEL 0480-38-6872（注文専用ダイヤル） TEL 03-3556-2731（販売）／TEL 03-3556-2735（編集） E-mail pc-books@mynavi.jp URL http://book.mynavi.jp

カバーデザイン	米谷テツヤ（PASS）
イラスト	猪原美佳
編集・構成	株式会社スリーシーズン
印刷・製本	図書印刷株式会社

ISBN978-4-8399-6876-2
Printed in Japan